U0021217

EL LIBRO DE LOS

想 像 的 動 物

SERES
IMAGINARIOS

JORGE LUIS
BORGES

PETER
SIS

波赫士 ──────著　彼德・席斯 ──────繪　葉淑吟 ──────譯

目錄

第一版序[1]

　　一個小孩第一次被帶到動物園。那個孩子可能是我們中的任何一個，或者換句話說，我們曾是那個孩子，只是我們已經忘了。在那個動物園裡，那個可怕的地方，孩子看到他從未見過的活生生的動物；他看到美洲虎、禿鷲、野牛，還有多麼奇怪的長頸鹿。他第一次看到動物王國的各種野生動物，他很享受那種或許使他感到震驚或恐懼的奇觀。他非常喜歡它，而且去動物園成為童年的樂趣，或者被認為是這樣。那我們該如何解釋這種日常但又神祕的體驗呢？

　　當然，我們也可以否認。我們可以假設，突然被帶去動物園的孩子，在二十年後有了神經質，而事實上，沒有一個孩子沒去過動物園，也沒有一個成人經過仔細檢查沒被發現有神經質。我們可以肯定，孩子是一個探險家，發現駱駝並不比發現鏡子、水或樓梯更奇怪。我們能肯定，孩子信任帶他去滿是動物之處的父母。此外，老虎玩偶或者百科全書上的老虎，使他準備好了毫無畏懼的看待血肉之軀的老虎。柏拉圖（如果他參與這項調查）會告訴我們，孩子早在原型的世界中就見過老虎了，現在當他看到牠時，他認出了牠。叔本華（甚至令人驚訝）會說，孩子看著老虎並不害怕，因為他知道他是老虎，老虎是他，或更確切的說，老虎和他具有相同的本質，即意志。

　　現在，讓我們從現實的動物園，轉向神話的動物園，轉向動物群不是獅子，而是獅身人面怪物斯芬克斯、獅鷲葛里芬和半人馬的動物園。第二個動物園的動物數量應該超過第一個，

因為怪物不外乎是真實存在的元素再加以組合，而組合的藝術是無限的。半人馬是人與馬的組合，牛頭人米諾陶洛斯是人與牛的組合（但丁想像牠有人臉牛身），這樣我們就可以生產──在我們看來──無窮無盡的怪物，魚、鳥和爬行動物的組合，除了受限於我們自己的無聊和厭惡外，沒有其他限制。然而，這種事不會發生；我們製造的怪物誕生後無法存活，謝天謝地。福樓拜在《聖安東尼的誘惑》最後幾頁收集中世紀和古典的怪物，他的評論者告訴我們，他曾嘗試創造一些新的來；怪物的總數並不可觀，能激發人們想像力的寥寥無幾。翻閱我們這本書的人會發現，夢的動物學比上帝的動物學來得貧乏。

我們不知道龍的意義，就像我們不知道宇宙的意義一樣，但是牠的形象中，有一些與人們的想像相符合的東西，因此龍出現在不同的緯度和時代。可以這麼說，龍是一種必要的怪物，而不像奇美拉或者牛身巨獸卡特布蘭帕斯那樣，僅是短暫或偶然的怪物。

至於其他，我們不會假裝這本書（也許是同類書中第一本）涵蓋所有的奇幻動物。我們研究古典和東方文學，但是我們知道我們所討論的主題是無限的。

我們特意排除關於人類變身的傳說──比如狼人之類的。

此外，我們還要感謝參與合作的雷歐納・奎雷羅・德柯波拉（Leonor Guerrero de Coppola）、阿爾貝托・達維爾沙（Alberto DÁversa）以及拉法耶爾・羅培茲・培雷戈里（Rafael López Pellegri）。

J・L・波赫士／M・G
一九五四年一月二十九日，於馬丁內茲

1. 編按：波赫士於一九五七年首次出版《神奇的動物學手冊》(*Mannal de zoologia fantástica*)，收錄了八十二種想像的動物。一九六六年出版了第二版新版，書名定為《想像的動物》(*El libro de los seres imaginarios*)，收錄的想像動物增加到一百一十六種。本書譯自西文第二版，並額外收錄了第一版序以饗讀者。
本書內文中的括號夾注，係供讀者參考出自原書的詞或句。而為便於讀者更易理解而增列例如出處、典故或人名等補充資料，則以注釋的方式列於每一篇想像動物的文末供讀者查索，敬請鑒察。

新版序

　　這本書的書名[1]，足以證明包含哈姆雷特王子、點、線、面、超立方體、所有的通用詞，也許還有我們每個人和神性。簡而言之，幾乎是整個宇宙。然而，我們堅持了「想像中的眾生」（seres imaginarios）這個詞的直接暗示，並且編寫了一本所有時間和空間中，人類的幻想所產生的奇怪生物。

　　我們不知道龍的意義，就像我們不知道宇宙的意義一樣，但是牠的形象中，有一些與人們的想像相符合的東西，因此龍出現在不同的緯度和時代。

　　這樣的書必然是不完整的；每一個新版本都是未來版本的核心，可以無限增加。

　　在哥倫比亞或巴拉圭的讀者，我們邀請你們寄來當地怪物的名字、可靠的描述，和牠們最顯著的習性。

　　就像所有的雜錄一樣，也像羅伯特・伯頓（Robert Burton）、弗雷澤（Fraser）或老普林尼他們無窮無盡的書卷一樣，《想像的動物》不是為了連續閱讀而寫的。我們希望，有好奇心的人不時進出它，就像人們觀看萬花筒呈現不斷變化的形式一樣。

　　這本「雜集」（silva de varia lección）有很多來源；我們已經記錄在每篇文章當中。如有任何疏漏，還請見諒。

J・L・波赫士

一九六七年九月，於馬丁內茲

1. *El libro de los seres imaginarios*

⇢ 阿寶亞古 ⇠
A Bao A Qu

要欣賞世界上最美妙的風景，您必須登上吉多爾（Chitor）維多利亞塔的頂層。那裡有一個圓形露臺，可以讓您將整個地平線盡收眼底。有一座螺旋梯通向露臺，然而敢於冒險走上樓的人，是那些不相信這個寓言故事的人，它是這樣說的：

　　自古以來，阿寶亞古就住在維多利亞塔的樓梯上，牠對人類靈魂所擁有的許多層面很是敏感。牠守在第一個臺階，平時處於昏昏欲睡的狀態，有人爬上樓梯時，才能享受有意識的生活。人接近的振動為牠注入了生命，觸發牠內在的光芒開始發亮。同時，牠的身體和接近半透明的皮膚開始移動。當有人踏上樓梯，阿寶亞古幾乎是在訪客的腳跟後面攀爬，緊貼著幾代朝聖者最常踩踏的臺階外側。每移動一步，牠的顏色就會加深。牠的形狀變得完美，散發出越來越亮的光芒。牠敏感的見證是：當上樓的訪客是個靈魂進化的人時，牠只有在抵達最高點才能達到最完美的形態。如果不是，阿寶亞古還沒爬到就癱瘓了，身體殘缺，顏色不定，光芒閃爍。阿寶亞古如果無法完全現形，就會覺得痛苦，牠的抱怨是一種幾乎察覺不到的呻吟，像摩擦絲綢的聲響。但是當復活牠的男人或女人充滿純潔時，阿寶亞古爬到最後一階可以完全成形，並放射出鮮豔的藍光。牠的重生很短暫，當朝聖者下樓，阿寶亞古會滾到最底階，在那裡牠安靜下來，輪廓模糊，等待下一位訪

客。只有在樓梯中央才能看清牠，這時牠往上爬的身體拉長，就像手臂一樣幫助牠向上，因而變得清晰。有人說看過牠整個身體，摸上去讓人想起桃子的皮。

幾個世紀過去，阿寶亞古只有一次到達露臺。

伯頓[1] 在他的《一千零一夜》[2] 版本裡的一個注釋記錄了阿寶亞古的傳說。

1. Sir Richard Francis Burton，十九世紀英國探險家、翻譯家、民族學家等等。《一千零一夜》在十九世紀較為有名的西方譯本，要數伯頓爵士的十六冊「全譯本」，此譯本包括大量甚至過量的情慾描寫，跟同時代的保守版本大不相同。伯頓的譯筆誇張，常自鑄偉詞，字裡行間極力營造異國情調。評論家幾乎都對伯頓的譯本評價不高，但波赫士對伯頓本另眼相看。
2. 又稱《天方夜譚》。「天方」指麥加。它是一部誕生於古波斯文明時代和之後的阿拉伯時代的民間故事集，成書後在阿拉伯地區流傳；一七〇四年，法國人加朗（Antoine Galland）首先將《一千零一夜》的部分故事譯成法文，不久風靡歐洲。波赫士對加朗的版本評價很高。

↦ 神魚阿柏圖與阿內特 ↤
ABTU Y ANET

　　根據埃及神話，阿柏圖與阿內特是兩條完全相同的神魚，牠們在太陽神拉（Ra）的船前游動，警告祂可能發生的危險。白天，船在天空航行，從日出的東方到日落的西方；夜晚，航行在地底下，往相反的方向。

☀ 雙頭蛇安菲斯比納 ☀
La Anfisbena

《法爾薩利亞》[1]列出了小加圖的士兵在非洲沙漠遇到的真實和想像中的蛇,有「像棍杖一樣站起來」的死神蛇(Parca),有像箭一樣穿過空氣的飛蛇(Yáculo),以及「危險的安菲斯比納,牠有兩個頭」。老普林尼[2]用幾乎相同的詞來描述牠,並補充:「彷彿一個頭太少不足以讓牠裝毒液。」布魯內托‧拉蒂尼[3]的《寶庫》[4]——拉蒂尼在第七層地獄推薦給他的昔日門徒[5]的那本百科全書——描述的語句不那麼簡約,卻更清晰:「安菲斯比納有兩個頭,一個長在原本的位置上,另外一個長在尾巴上;兩者兼具使牠可以咬人,而且牠能輕快的奔跑,雙眼像蠟燭般閃耀。」十七世紀,托馬斯‧布朗爵士[6]觀察到每一種動物都有上、下、前、後、左、右,他否認存在著頭在兩端使得兩端都是前端的動物。安菲斯比納在希臘文中的意思是「往兩個方向而去」。在安地列斯群島和美洲的某些地區,這個名字是指一種通常被稱為「雙頭步行者」(doble andadora)、「兩個頭的蛇」,和「螞蟻之母」的爬行動物。據說螞蟻會照護和滋養牠。也聽說把牠切成兩半,那兩半會重新接合在一起。

老普林尼對安菲斯比納的藥用價值相當推崇。

1. *Pharsalia*，羅馬史詩，由詩人盧坎（Annaeus Lucanus）寫成，詳細描述凱撒大帝與帝國軍隊之間的內戰。西元六十五年盧坎被迫自殺時，仍未完成。

2. Gaius Plinius Secundus，其外甥為小普林尼。老普林尼於西元七十九年死於維蘇威火山噴發時的毒氣，當時他擔任那不勒斯艦隊司令；在遠處的小普林尼則記錄下火山噴發的情況。最有名的作品《博物志》，波赫士在本書中經常引用。

3. Brunetto Latini，十三世紀義大利詩人、哲學家、政治家、演講家。但丁稱他為老師，將他寫進《神曲》裡。

4. *Tesoro*，拉蒂尼以義大利文寫成，是對當時知識的總結，被認為是第一部用現代歐洲語言編寫的百科全書。

5. 指但丁。

6. Sir Thomas Browne，十七世紀一位醫生兼作家，著有《世俗謬論》。

→ 史威登堡的天使 ←
LOS ÁNGELES DE SWEDENBORG

　　傑出的科學家和哲學家史威登堡[1]（一六八八―一七七二）一生勤奮好學，他在人生的最後二十五年定居倫敦。由於英國人沉默寡言，他養成了跟魔鬼和天使交談的日常習慣。主讓他遊歷靈界，並和那裡的居民交談。基督曾說要進入天堂的靈魂必須是公正的；史威登堡補充說還要有智慧才行；布萊克[2]後來規定得具有藝術鑑賞力。史威登堡的天使是選擇了天堂的靈魂。他們可以不用語言；一位天使想到另一個天使，就能出現在他身邊。在地上相愛的兩個人會組成一個天使。他們的世界被愛統治；每一個天使都是一個天堂。他的形象是一個完美的人；天堂的形式也是如此。天使可以向北、向南、向東、或向西看；他們將永遠與上帝面對面。他們首先是神學家；最大的樂趣是祈禱和探討靈性問題。地上的事物是天堂事物的象徵。太陽對應於神。在天堂不存在時間；事物的表象隨心情而變化。天使的服裝會根據他們的智慧而發光。天堂裡，富人依然比窮人富有，因為他們習慣了財富。在天堂，物體、家具和城市要比地上的來得具體和複雜；顏色更加多樣和生動。英裔的天使有政治傾向；猶太裔從事珠寶貿易；日耳曼裔會在回答問題前先查閱書籍。穆斯林習慣崇拜穆罕默德，上帝為他們提供了一個偽裝成先知的天使。靈性貧瘠的人和苦行者被排除在天堂的歡樂之列，因為他們永遠無法理解什麼是享受。

1. Emanuel Swedenborg　2. William Blake

✦ 卡夫卡幻想的動物 ✦
Un Animal Soñado por Kafka

「那隻動物拖著一條大尾巴，雖然像狐狸的尾巴，卻有好幾公尺長。有時我很想握著牠的尾巴，不過這是不可能的；那動物不停的動來動去，尾巴總是從這一側甩到另一側。這種動物有點像袋鼠，但橢圓形的小臉很平坦，有點像人；只有牙齒有表現力，不論露不露出來。有時我有一種感覺，那動物正在試圖馴服我；如果不是，那牠有什麼目的，為什麼我想捉牠的尾巴時，牠就把它縮回去，靜靜的等待我再度上鉤，然後再一次跳開。」

法蘭茲・卡夫卡

《鄉村婚禮籌備》[1]，一九五三

1. *Hochzeitsvorbereitungen auf dem Lande*

✦ C・S・路易斯想像的動物 ✦
Un Animal Soñado por C.S.Lewis

「那歌聲已近在咫尺，不過灌木叢很密，讓他幾乎看不到前方一公尺處，突然，歌聲戛然而止。灌木叢沙沙作響。他飛快的朝聲音的方向走去，卻什麼也沒看見。當他幾乎打算放棄搜索時，歌聲從遠一點的地方傳過來。他再次循著歌聲前去；而唱歌的動物又一次沉默下來避開他。他花了快一個小時捉迷藏，最後努力總算得到回報。

「他小心翼翼，走向一陣嘹亮的歌聲，終於透過繁花似錦的枝條看到一個黑色的身影。那歌聲停止，他就停下腳步，歌聲響起，他再小心前進，追著歌聲走了十分鐘。最後，他親眼目睹歌聲的主人，而牠渾然不知有人偷窺。牠像隻狗直挺挺的坐著，軀體黑得發亮；蘭索姆（Ransom）站著只到牠的肩膀高度；牠所倚靠的前腿像兩棵小樹，擱在地上的蹄子寬得像駱駝的。牠碩大的圓腹潔白無瑕，高高的伸長如馬一般的脖子。蘭索姆從他的位置可以看見牠的側面：牠張開嘴巴唱出充滿喜悅的歌聲，光滑的喉嚨幾乎跟著顫動，他驚奇的注視牠那雙濕潤的眼睛，起伏的感性鼻翼。這一刻那隻動物停止唱歌，看著他，往後退幾步後又停住不動，牠差不多有一頭小象的大小，四隻腳著地，搖著一條長絨毛尾巴。這是在皮爾蘭德拉（Perelandra）第一種似乎對人類有些害怕的生物。但是稱不上恐懼。當他呼喚，牠就靠過去，伸出天鵝絨觸感的嘴唇靠在他的手上，忍受他的觸摸；但牠很快的又往後退去。牠彎下長脖子，把頭埋在兩腿之間。蘭索姆看見無法再多了解牠，就任憑牠消失在視線

外，不再追過去。他認為再往前追，似乎會傷害牠的靦腆，和牠流露的溫順，牠顯然希望隱身在茂密的原始叢林深處，永遠只當歌聲，當歌聲就好。蘭索姆繼續他的路程；幾秒後，歌聲從他身後傳來，比以往任何時候都更嘹亮，更美妙，就像牠重獲自由的喜悅之歌。

「這種野獸沒有奶水，牠們生下的幼崽，是靠其他物種的母獸哺育。這頭母獸龐大、美麗，而且是個啞巴，會唱歌的小獸一直生活在牠親生的幼獸之中，斷奶之前對母獸百依百順。但當牠長大，變得比任何動物都還要精緻、輝煌，就會離去。留下對牠的歌聲驚訝不已的母獸。」……

C・S・路易斯

《皮爾蘭德拉星》[1]，一九四九

---

1. *Perelandra*，這是 C・S・路易斯《太空三部曲》的第二部，皮爾蘭德拉是虛構的星球名字，指的是金星。第一部是《來自寂靜的星球》(*Out of the Silent Planet*)，第三部是《那邪惡的力量》(*That Hideous Strength*)。

✦ 愛倫坡幻想的動物 ✦
EL ANIMAL SOÑADO POR POE

在一八三八年出版的《阿瑟・戈登・皮姆的故事》[1]中，埃德加・愛倫・坡[2]創造出一個住滿令人驚訝但可信的動物群的南極洲島嶼。在第十八章我們讀到：

「我們撿起一根樹枝，上面綴滿的紅果實像是山楂，還有一隻陸生動物的屍體，構造獨特。牠有三呎長六吋高；四條腿都很短，上面裝飾著猩紅色的尖爪子，質感類似珊瑚。毛髮順滑如絲，潔白無瑕。跟老鼠一樣的尖尾巴有一呎半長。牠的頭酷似貓，除了耳朵像獵犬一樣下垂。牙齒和尖爪子都是猩紅色的。」

那片南極地的水也同樣獨特：

「起先我們不敢喝水，怕水是腐壞的。我不知道該怎麼對它的性質給出一個清晰的概念，只能用很多字句加以描述。水沿著高高低低的坡急速奔流，除了從高空墜落的那一刻外，似乎從不清澈。流經緩坡時，水積成一灘濃稠液體，猶如加水泡開的阿拉伯膠。但這只是其特質中最不獨特的。它並不是無色的，顏色也不是一成不變，映入眼簾的是，隨著它的流動，而呈現出每一種可能的紫色調，就像多變的絲綢那虹彩般的光澤。我們把水裝在甕裡，當它徹底沉澱後，我們認為整塊液體是由許多不同的脈絡組成

的，每條脈絡都有鮮明的色調，而且不會混在一起。用刀刃劃過脈絡，水就立刻斷流，刀刃一拔，痕跡便會消失。另一方面，當刀刃準確插入兩條脈絡之間時，發生了完美的分離，且不會立即凝聚在一起。」

1. *The Narrative of Arthur Gordon Pym* 2. Edgar Allan Poe

❧ 球體動物 ❧
ANIMALES ESFÉRICO

　　球體是最均勻的固體，因為表面上所有的點都與球心等距。出於這個原因，並且由於它能勻速的繞軸旋轉不會偏離固定位置，柏拉圖（《蒂邁歐篇》，33）認同巨匠造物主（Demiurgo）把世界造成球形的決定。他認為地球是生物，在《法律篇》（898）他肯定行星和恆星也是。因此，他將巨大的球形動物賦予奇幻動物學，並譴責那些笨拙的天文學家不想了解天體的圓周運動是自發和自願的。

　　五百年後，亞歷山卓的俄利根[1]教導說，受祝福的人將以球體的形式復活，並滾入永恆。

　　在文藝復興時期，天堂作為動物的概念再次出現在萬蒂尼（Vantini）；新柏拉圖主義者馬爾西利奧・費奇諾[2]說到地球的毛髮、牙齒和骨骼，喬爾達諾・布魯諾[3]認為行星是平靜、巨大的動物，溫血，有規律的習慣，被賦予了理性。十七世紀初，克卜勒與英國神祕學家羅伯特・弗拉德[4]爭辯，他們兩人中是誰先想到地球是個活生生的怪物的概念，「牠如同鯨魚般的呼吸，對應著牠的睡眠和甦醒，產生海洋的潮起潮落。」克卜勒曾研究這頭怪物的解剖結構、食物、顏色、記憶力，以及想像力和可塑性。

　　十九世紀，德國心理學家古斯塔夫・西奧多・費希納[5]（威廉・詹姆斯[6]在著作《多元宇宙》[7]中對他讚譽有加）以一種巧妙的坦率，重新思考前人的想法。那些認為地球，我們的母親，是一種有機體——一種優於植物、動物和人本身的有機體——

的人，可以研究費希納《阿維斯陀》[8]中虔誠的書頁。例如，他們會在裡面讀到地球的球形是人眼的球形，人眼是我們身體最高貴的部位。他們還會讀到，「如果天空真的是天使的家園，那麼天使一定是星星，因為天上沒有其他居民。」

1. Origenes Adamantius　2. Marsilio Ficino　3. Giordano Bruno　4. Robert Fludd
5. Gustav Theodor Fechner　6. William James　7. *A Pluralistic Universe*　8. *Zend-Avesta, oder Über die Dinge des Himmels und des Jenseits*，有人翻成《地靈說》。

→鏡中動物←
ANIMALES DE LOS ESPEJOS

在十八世紀上半葉，出現在巴黎的《令人振奮與好奇的書信集》[1]其中一冊，耶穌會的札林格神父[2]提到了他計畫考察廣東省一般百姓的幻想和訛傳；他在一份初步的調查中，記錄到一條難以捉摸、閃閃發光的魚。沒有人摸過那個生物，但許多人相信他們在鏡子深處看到過。札林格於一七三六年去世，並未完成由他下筆的工作；一百五十年過後，翟理斯[3]接下未竟之業。根據翟理斯的說法，魚的信仰是一個更大的神話的一部分，可以追溯到傳說中的黃帝時代。

在那個時代，鏡中世界與人的世界並不像現在這樣分離且不相關聯。此外，兩個世界彼此不同；不論是生物、顏色、形狀都不一樣。兩個王國——鏡中和人類——和平共處，並且可以透過鏡子來回穿梭。一天晚上，鏡子裡的人入侵這個世界。它們力量強大，但是經過血戰，黃帝的法術占了上風。黃帝擊退入侵者，把它們囚禁在鏡子裡，並強迫它們重複人類的所有動作，就像在做夢一樣。他剝奪它們的力量和形體，將它們簡化為單純的奴性反射。然而，總有一天，它們會擺脫那種神奇的昏睡。

第一個醒來的將會是「鏡中魚」。在鏡子深處，我們會看到一條非常淡的線條，這線條的顏色將是一種與眾不同的顏色。稍後，其他的形體也會覺醒。漸漸的它們會和我們不同，漸漸的它們不會再模仿我們。它們會打破玻璃或金屬的屏障，這次不會被打敗。水中的生物將與鏡中生物並肩作戰。

在雲南省，人們不說「鏡中魚」，而是「鏡中虎」。有人相信，在它們發動攻擊前，我們能聽到從鏡子深處傳來武器的鏗鏘聲響。

1. *Lettres edifiantes et curieuses*，共三十四卷，裡面有很多關於中國的報導，引發當時歐洲的中國熱。　2. P. Zallinger　3. Herbert Allen Giles，英國漢學家。

↣ 兩種形而上動物 ↢
Dos Animales Metafísicos

　　觀念起源問題，為人類想像的動物群貢獻了兩種奇怪的生物。其中一種是在十八世紀左右想像出來的；另一種是在一個世紀後。

　　首先是孔迪亞克[1]的「感官雕像」。笛卡兒提出天賦觀念論之後，孔迪亞克反駁他的說法，於是想像出一尊大理石雕像，它的形態像是人的身體，裡面棲息著未曾感知或思考的靈魂。孔迪亞克從賦予雕像一種感官開始：嗅覺，或許是所有感官中最不複雜的。一縷茉莉花香是雕像傳記的起始；在那麼一瞬間，宇宙只存在那種氣味，更確切的說，那氣味就是整個宇宙，片刻之後，變成玫瑰的香氣，接著是康乃馨。讓雕像的意識中只存有一種氣味，那雕像就有了注意力；當刺激停止，讓氣味持續，便形成記憶；現在的印象和過去的印象占據了雕像的注意力，它將能進行比較；當雕像感知到相似和差異，就有了判斷力；當比較和判斷再次發生，便有了反思；愉快的記憶比不愉快的印象更生動，就會有想像力；一旦產生理解的能力，意志的能力必隨之而來：愛與恨（吸引與厭惡），希望與恐懼。經過許多狀態的意識過程，將使雕像具有抽象的數字概念；從意識到康乃馨的氣味還是茉莉花的氣味，最後將以自我的概念結束。

　　然後孔迪亞克將賦予他假設的人聽覺、味覺、視覺和最後的觸覺。最後這個感官將向它提示空間的存在，並且在這個空間中，它在一個身體裡，在這一刻之前，聲音、氣味和顏色似

乎只是意識的簡單變化或調整。

我們剛剛講述的寓言名為《感官論》[2]，於一七五四年出版；為此，我們也使用布雷希爾[3]的《哲學史》[4]第二卷來說明。

由知覺問題產生的另一種動物，是羅茲[5]的「假想動物」。這種動物比聞著玫瑰花香最終變成人的那座雕像更為孤獨，它的皮膚上只有一個敏感點，在觸角的末端，因此可以移動。正如人們所見，這種動物的結構阻止它同時接收感知。羅茲認為，收回或伸出敏感觸角的能力，足以讓這種幾乎與世隔絕的動物發現外面的世界（無需借助康德的範疇），並分辨靜止的物體和移動的物體。這個小說得到費英格[6]的好評；收錄在《醫學心理學》[7]中，一八五二年出版。

1. Condillac，法國哲學家。 2. *Traité des sensations* 3. Bréhier 4. *Histoire de la philosophie* 5. Lotze 6. Vaihinger，德國哲學家。 7. *Medizinische Psychologie*

✦六足羚羊✦
LOS ANTÍLOPES DE SEIS PATAS

　　據說，奧丁[1]的馬斯雷普尼爾[2]擁有（裝載）八條腿，牠一身灰毛，能在地上、空中和地獄中行走；六足動物則是來自西伯利亞神話的遠古羚羊。有了這樣的天賦，想要接觸到牠們甚是困難，甚至不可能；神聖的獵人敦克波[3]找到一棵不停吱吱作響並在狗兒的吠叫中對他揭示蹤跡的聖樹，他用這棵聖樹的木頭製作溜冰鞋。溜冰鞋也不停吱吱作響，以箭的速度奔跑。為了停下來或減緩速度，他不得不放置一些用另一棵魔法樹製作的楔子。敦克波穿越整個天空追趕羚羊。最後羚羊投降，跌落地面，敦克波砍掉牠的後腿。

　　「人類，」他說，「每天都在變小變弱，要是我都做不到，他們怎麼能獵殺六足羚羊呢？」

　　從那天起，羚羊就變成了四足動物。

1. Odin，斯堪地那維亞神話中阿薩神族的主神。
2. Sleipnir　3. Tunk-poj

✦ 整地獸 ✦
EL APLANADOR

在一八四〇年至一八六四年間,眾光之父(Padre de la Luz)(也稱內心聲音〔Palabra Interior〕)向身為音樂家和教育家的雅各布·洛伯[1]傳遞一系列關於構成太陽系各天體的人類、動物和植物的長期啟示。該啟示告訴我們有一種馴養動物叫做整地獸或壓地獸(bodendrucker),牠在米龍星(Miron)上提供無法估量的服務,洛伯作品的現任編輯認定這個星球是海王星。

整地獸跟大象非常相似,體型卻大上十倍。牠的軀幹有點短,尖牙又長又直;皮膚呈淡綠色。腿呈錐體,腳掌處很寬;錐腿的尖端看起來像嵌進身體裡。牠是一種蹠行動物,能在砌磚工和建築商動工前先平整地面。他們會把這種動物帶到不平坦的土地上,讓牠用腳、長鼻子和尖牙整地。

牠以青草和樹根為食,除了某些種類的昆蟲外,沒有敵人。

1. Jakob Lorber,十九世紀基督教神祕主義者。他稱自己為「上帝的抄寫員」。一八四〇年三月十五日,他開始聽到來自他心臟區域的「內心聲音」,此後開始轉錄它所說的內容。

鷹身女妖哈琵亞絲
ARPÍAS

在赫西俄德[1]的《神譜》[2]中，哈琵亞絲是有翅膀的神靈，頭髮長而飄逸，飛得比鳥和風還要快；在《艾尼亞斯記》第三卷，哈琵亞絲長著少女的臉、彎曲的爪子，挺著汙穢的肚子，因無法平息飢餓，而臉色蒼白。它們從山上猛撲而下，玷汙宴席上的食物；它們刀槍不入，身上散發惡臭；它們吞噬一切、尖叫，把沿途的東西都轉化為糞便。維吉爾[3]的評論者塞爾維烏斯[4]寫道，一如黑卡蒂（Hécate）在地獄是普洛塞庇娜（Proserpina），在人間是狄安娜（Diana），在天上是露娜（Luna），為「三重女神」，而哈琵亞絲在地獄是孚里埃斯（Frias），在人間是哈琵亞絲，在天上是迪雷（Dirae）。它們有時會與命運三女神（Parcas）混淆。

哈琵亞絲奉神的命令追緝一位色雷斯國王，因他向人類揭示未來的命運，或者他以犧牲雙眼換取長壽，總之他的行為激怒了太陽神而遭到懲罰。當國王正為他的宮廷準備晚宴，哈琵亞絲飛下來，狼吞虎嚥，糟蹋擺出的美味佳餚。阿爾戈英雄[5]趕走了哈琵亞絲；羅德島的阿波羅尼奧斯[6]和威廉·莫里斯[7]（《傑森之生與死》[8]）都講述過這個奇妙的故事。阿里奧斯托[9]的《瘋狂奧蘭多》[10]第三十三首，將色雷斯國王換成祭司王約翰——阿比西尼亞人虛構的皇帝。

哈琵亞絲的希臘文意思是「綁架者」或「搶奪者」。起初，它們是風神，如同吠陀經典裡的暴風神馬爾殊（Maruts），揮動金色的武器（閃電）和擠壓雲層。

1. Hesiod，古希臘詩人。

2. *Theogony*，赫西俄德所寫的長詩，共一〇二二行，最早系統的記敘古希臘諸神的譜系。內容描述希臘神話中眾神的起源，從卡俄斯（Chaos）的誕生一直講到奧林匹斯諸神統治世界，並在其中穿插大量關於神靈之間的正義與美好的神話。

3. Vergilius，古羅馬詩人，著有《農事詩》、《艾尼亞斯記》。

4. Servius

5. 是特洛伊戰爭之前的一群英雄，他們伴隨伊阿宋（Easun），搭乘阿爾戈號尋找金羊毛。

6. Apolonio de Rodas

7. William Morris

8. *The Life and Death of Jason*

9. Ariosto，十六世紀義大利文藝復興時期的詩人。

10. *Orlando Furioso*，又作《瘋狂的羅蘭》，一部模仿中世紀傳奇的敘事詩，內容以查理曼大帝與撒拉森人的安達盧斯戰爭為背景，利用中世紀流行的騎士傳奇體裁，以羅蘭為主角。歷史記載有羅蘭其人，但他的形象後來轉變成查理曼的首席聖騎士，並成為圍繞著查理曼的傳奇故事中的核心人物，這些故事統稱為《加洛林故事群》（*Carolingian cycle*）。在這些史詩中，最早出現也最有名的是十一世紀的古法語史詩《羅蘭之歌》（*La Chanson de Roland*）。

⇥ 三足驢 ⇤
EL ASNO DE TRES PATAS

如今孟買的帕西人仍信奉的宗教的創始人瑣羅亞斯德，老普林尼說他寫下了兩百萬句詩作；阿拉伯歷史學家塔巴里[1]證實，虔誠的書法家抄錄全集賦予永恆，共使用一萬二千張牛皮。大家都知道，馬其頓的亞歷山大在波斯波利斯焚毀這些作品，但祭司以非凡的記憶力將基本內容保存下來，自九世紀以來，這些文本得到了一部名為《班達希申》[2]的百科全書作品的補充，其中包含以下段落：

> 「據傳，三足驢在海中，有三隻蹄、六隻眼、九張嘴、兩隻耳，一隻角。牠全身白色，牠的食物是精神，牠完全的正義。六隻眼中有兩眼在眼睛的位置，兩眼在頭頂，兩眼在頸背；憑那六隻眼睛的銳利，牠能攻克並摧毀。
>
> 九張嘴巴，頭頂三張，頸背三張，腹脅處三張……，每隻蹄子踩在地上，能覆蓋千頭羊群的空間，每隻腳的球節下面，可容納千名騎士操演。至於耳朵，最遠可以聽到馬贊達蘭[3]。那隻角像金子，空心，上面長出上千枝椏。那角能征服並驅散惡人的一切敗壞。」

我們知道琥珀是三足驢的糞便。在祆教的神話中，這種仁慈的怪物是阿胡拉・馬茲達（歐爾姆茲〔Ormuz〕）——生命、光和真理的原則——的助手之一。

1. Tabari　2. *Bundahishn*　3. Mazandarn，波斯北部的省分。

➤ 浴火鳳凰 ➤
EL AVE FÉNIX

　　埃及人從巨大的雕像、石砌金字塔和木乃伊中尋找永恆；因此他們的國度出現不朽的週期性鳥類的神話也就非常自然，儘管隨後的闡述是希臘人和羅馬人的作品。埃爾曼[1]寫道，在赫里奧波里斯[2]的神話中，鳳凰（貝努鳥〔benu〕）是禧年之主或漫長的時間輪轉之主；希羅多德[3]在一篇著名章節（《歷史》，II, 73）反覆以難以置信的語氣，敘述此傳說的最初形式：

　　「那裡還有一隻只在畫裡見過的神鳥，牠的名字是鳳凰。事實上，很少有人看過牠，根據赫里奧波里斯的傳說，鳳凰在父鳥過世後會來埃及，每五百年一次。如果牠的大小和外貌如同圖畫所繪，那麼牠的龐大身軀和老鷹差不多，形態也類似，牠的羽毛部分是金色，部分是深紅色。埃及人告訴我們牠的神奇事蹟，對我來說有點不值得信任，不過也不至於棄之不顧。為了把父鳥的遺體從阿拉伯帶到太陽神廟，牠使用以下的策略：首先，牠用沒藥做一顆蛋，重量是牠能帶著走的，做好之後，牠舉起來再試試看，確定力氣夠不夠；接著牠打開一個洞，把蛋挖空，將父鳥的遺體放進洞去，再用先前挖出的沒藥填充遺體周圍的凹穴，直到裝著遺體的蛋跟原本實心的蛋一樣重；然後牠封好開口，把蛋帶到埃及的太陽神廟。這就是有關那隻鳥所做的事情的傳說。」

過了幾個五百年後，塔西佗[4]和老普林尼再次提起這個奇妙的傳說；塔西陀觀察到，整個古代都是晦澀模糊的，但有個傳說已經確定了鳳凰的壽命為一千四百六十一年（《羅馬編年史》[5]，VI, 28）。老普林尼也研究了鳳凰的年代；他告訴我們（X, 2）根據曼尼里烏斯[6]的說法，鳳凰能存在一個柏拉圖年或大年。柏拉圖年是指太陽、月亮和五個行星回到起始位置所需的時間；塔西佗在《對話集》[7]中說它涵蓋了一萬兩千九百九十四個平年。古人相信，當這個巨大的天文週期完成，宇宙歷史就會重演所有的細節，因為行星的重複影響；鳳凰將成為宇宙的鏡子或圖像。更進一步的類比，斯多葛學派教導說，宇宙死於火中，再從火中重生，這個過程沒有結束也沒有開始。

年數之說簡化了鳳凰世代交替的機制。希羅多德提到了一顆蛋，老普林尼則提到一條蠕蟲，但克勞狄安[8]在四世紀末已經吟誦了一隻從自己的灰燼中重生的不死鳥，牠是自己的繼承者和時代的見證者。

很少有神話像鳳凰一樣廣為流傳。其他值得補充進來的作者還有：奧維德[9]（《變形記》[10]，XV），但丁（《地獄篇》，XXIV），莎士比亞（《亨利八世》，V, 4），佩利瑟[11]（《鳳凰與牠的自然史》[12]），克維多[13]（《西班牙帕納塞斯山》[14]，VI），米爾頓[15]（《鬥士參孫》[16]）。我們還將提到拉丁文詩《鳳凰》[17]，這首詩由拉克坦提烏斯所作[18]，以及八世紀盎格魯撒克遜人對這首詩的模仿。特土良[19]、聖安博[20]和耶路撒冷的西里爾[21]都聲

稱鳳凰是肉體復活的證據。老普林尼則是嘲笑那些醫生，開出從鳳凰巢和灰燼中提取藥物的處方。

1. Paul Erman　2. Heliopolis，今埃及開羅。

3. Herodotus，古希臘作家、地理學家和歷史學家。他撰寫的《歷史》以詳細記述希波戰爭而聞名。是第一位對歷史事件進行系統調查的作家，古羅馬演說家西塞羅稱他為「歷史之父」。希羅多德因在他的作品中包含「傳說和奇幻故事」而受批評，歷史學家修昔底德指責他為娛樂而編造故事，希羅多德則說他報告了他「看到的和別人告訴他的」作為回應。

4. Tacitus，羅馬帝國執政官、雄辯家、元老院元老、歷史學家、文體家，他最主要的著作有《羅馬編年史》。

5. *Annales*，本書的資料取材，與塔西佗的個人地位有關，當時羅馬已有抄寫和販售書籍的行業，書籍浩瀚，塔西佗有機會接觸各種史料和歷史專著，加上他歷任多個官職，編撰本書時能參考到大量檔案資料、當事人追述和回憶，都屬第一手材料，那些著作現多已失傳。

6. Manilius　7. *Dialogus de Oratoribus*　8. Claudianus　9. Ovidius

10. *Metamorphoseon libri*　11. Pllicer　12. *El fenix y su historia natural*

13. Quevedo　14. *El Parnaso español*　15. John Milton　16. *Samson Agonistes*

17. *De Ave Phoenice*　18. Lactantius　19. Tertuliano　20. Sanctus Ambrosius

21. Cyrillus Hierosolymitanus

✦ 大鵬鳥 ✦
EL AVE ROC

　　大鵬鳥是鷹或禿鷲的放大版，有人認為是誤入中國或印度斯坦海域的禿鷹暗示了阿拉伯人存在這種鳥。萊恩[1]拒絕這個猜想，他認為牠是一個神話般的屬中的神話般的種，或者是「西摩格」（simurg）[2]的阿拉伯語同義詞。大鵬鳥的西方名聲歸功於《一千零一夜》。各位讀者會記得，辛巴達被同伴遺棄在一個島上，他看見遠處有一個巨大的白色圓頂，隔天一大片雲遮蔽了太陽。那個圓頂是大鵬鳥的蛋，那片雲是母鳥。辛巴達用頭巾把自己綁在大鵬鳥的腿上；母鳥飛起來，帶著他到一座山頂，卻都沒感覺到他的存在。敘述者還補充說，大鵬鳥用大象餵食幼雛。

　　在《馬可波羅遊記》（III, 36）中，我們讀到：

> 「馬達加斯加島上的居民說，在一年的特定季節，一種叫大鵬鳥的非凡鳥類會從南邊飛來。牠的外型與老鷹相似，但是體型更大。大鵬鳥非常強壯，甚至可以用爪子抓起一頭大象，帶著牠在空中飛翔，再把牠從高處往下丟，然後吃掉。那些見過大鵬鳥的人信誓旦旦說，牠的翅膀從尖端到尖端有十六步長，羽毛有八步長。」

　　馬可波羅補充說，大汗的使節帶著一根大鵬鳥的羽毛返回中國。

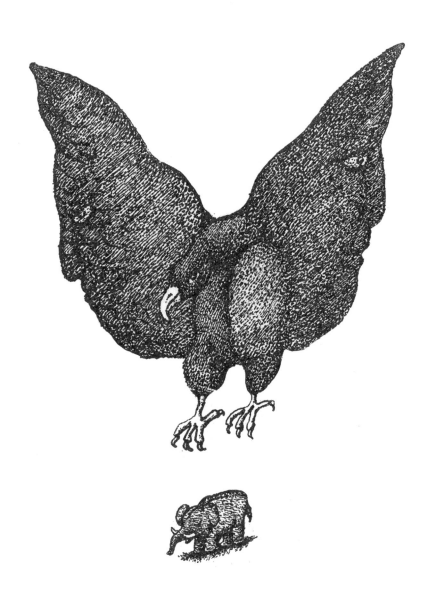

1. Edward William Lane，十九世紀的英國東方學家，編纂阿拉伯－英文詞典。
他也翻譯了《一千零一夜》，品質眾說紛紜。
2. 請參閱本書〈不死鳥西摩格〉。

巨魚巴哈姆特
BAHAMUT

　　巴哈姆特的名聲傳到了阿拉伯的沙漠，那裡的人改變並誇大了牠的形象。他們把河馬或大象變成一條漂浮在無底的水面上的魚，魚的上面他們想像了一頭公牛，公牛的上面有一座紅寶石山，山的上面有一位天使，天使的上面有六個地獄，地獄的上面是世界，世界的上面是七個天堂。我們在萊恩收集的傳說中讀到：

> 「上帝創造世界，但是世界沒有支撐，因此祂在世界底下創造一位天使。但是天使沒有支撐，因此祂在天使底下創造一座紅寶石岩石。但是岩石沒有支撐，因此祂在岩石底下創造一頭有四千隻眼睛、耳朵、鼻子、嘴巴、舌頭和腳的公牛。但是公牛沒有支撐，因此祂在公牛底下創造一條魚，叫做巴哈姆特，祂在魚的底下放水，在水的底下放黑暗，人的知識無法知道黑暗之下是什麼。」

　　也有人說世界的根基在水中；水在岩石上；岩石在公牛的脖子上；公牛在沙床上；沙床在巴哈姆特上；巴哈姆特在令人窒息的風中；風源於霧氣。霧氣的底層是一片未知。

　　巴哈姆特是如此巨大和輝煌，人類的眼睛無法直視。世界上所有的海洋都能放進牠的一個鼻孔裡，以至於就像沙漠中的一粒芥菜仔。《一千零一夜》第四百九十六夜，提到以撒（耶穌）被允許看見巴哈姆特，獲得了這種恩典，他倒臥在地，三天後

才恢復知覺。此外，在巨魚的下面是海，海的下面是一淵空氣，空氣的下面是火，火的下面有一條名叫法拉克（Falak）的蛇，地獄就在牠的嘴裡。

巨石在公牛上面，公牛在巴哈姆特上面，而巴哈姆特的下面可以是任何事物，這一故事似乎說明了上帝存在的宇宙學證據，其中論證了每個因都有一個前因，並且需要確認第一因，以避免無限放大。

巴勒丹德斯
BALDANDERS

　　巴勒丹德斯（名字可以譯成「立即不同」或「立即是另一個」）是紐倫堡製鞋大師漢斯・薩克斯[1]提出的，來自《奧德賽》中墨涅拉奧斯[2]追趕埃及神祇普洛透斯[3]那一段，埃及神變成獅子、蛇、豹、巨大的野豬，樹和水。漢斯・薩克斯於一五七六年去世；大約九十年後，巴勒丹德斯重新出現在格里默爾斯豪森[4]的流浪漢奇幻小說《阿呆物語》[5]的第六卷。在一座森林裡，主角遇見一尊石像，在他看來，那像是一個古老的日耳曼神廟裡的偶像。他碰了碰雕像，雕像說它是巴勒丹德斯，接著它變成人、變成橡樹、變成母豬、變成香腸、變成覆滿三葉草的草地、變成糞便、變成花朵、變成一根開花的枝椏、變成桑樹、變成絲綢掛毯，變成許許多多的其他事物和生物，然後，再次變成人。它嘗試教他事物單純性的藝術，「與本質無聲的事物交談，例如椅子和長凳，鍋子和水罐」；它還化身為祕書，寫下聖約翰《啟示錄》中的這些話：「我是初，我是終。」這是加密檔案的關鍵，是留給他的指示。巴勒丹德斯又說，它的紋章（就像土耳其人的，且更為公正）是變化無常的月亮。

　　巴勒丹德斯是一種不斷連續變換的怪物，一種時間的怪物；格里默爾斯豪森的小說第一版封面上的版畫，描繪了一個生物有羊男薩堤爾[6]的頭、人的軀幹、一對張開的鳥翅和一條魚尾巴，一隻山羊蹄和一隻禿鷹爪子踩在一堆面具上，面具可能是它變換過的一系列物種的個體。它的腰帶繫著一柄劍，手裡拿著一本翻開的書，上面畫有一頂王冠、一艘帆船、一只酒

杯、一座塔、一個小孩、一對骰子，一頂掛著鈴鐺的丑角帽子和一門大砲。

1. Hans Sachs
2. Menelaus，斯巴達國王，海倫的丈夫。海倫被特洛伊的帕里斯王子拐走，因而引發特洛伊戰爭。
3. Proteus　4. Grimmelshausen
5. *Der abenteuerliche Simplicissimus Teutsch*，完整的副標題是「對一個名叫梅爾基奧爾·斯特恩費爾斯·馮·福赫沙伊姆的奇怪流浪者的生活的描述：即他以何種方式來到這個世界，他在那裡看到、學到、經歷和忍受了什麼；以及出於他自己的自由意志他為什麼再次離開這個世界」。
6. 請參閱本書〈羊男薩堤爾〉。

✦ 報喪女妖班西 ✦
La Banshee

　　似乎沒有人見過它：它的存在與其說是形體，不如說是一種給夜晚帶來恐怖的哀號聲，出現在愛爾蘭和（根據華特・司各特爵士[1]的《魔鬼學與巫術之文學研究》[2]）蘇格蘭山區。它會在窗戶下宣布一個家庭成員的死訊。這是某些純凱爾特血統——沒有一絲拉丁、撒克遜或斯堪地那維亞[3]的血統——的特殊特權。在威爾斯或大不列顛也能聽到它。它屬於仙子一族。它的哀號被稱為哭喪（Keening）[4]。

1. Sir Walter Scott　2. *Letters on Demonology and Witchcraft*
3. 波赫士在本書中使用「斯堪地那維亞」一詞而非「北歐」，這兩者指涉的範圍有重合也有不重合之處，非常複雜。
4. Keening 是愛爾蘭和凱爾特人傳統上哀悼死者的聲音形式。

✦蛇妖巴西利斯克✦
El Basilisco

　　在歲月的流逝中，巴西利斯克變得越發醜陋和恐怖，到了現在已遭人遺忘。牠名字的意思是「小國王」；老普林尼（VIII,3）認為，巴西利斯克是一條蛇，頭上有一塊王冠形狀的斑，很清晰。從中世紀開始，牠變成一隻戴冠的四足公雞，有著黃色的羽毛，多刺的翅膀，和一條蛇尾巴；尾端可能是鉤子或另一隻公雞的頭。形象的變化體現在名稱的變化上；十四世紀，喬叟談過巴西利公雞（Basilicock）。阿爾德羅萬迪[1]在《蛇與龍的自然史》[2]的一張版畫上賦予牠鱗片而非羽毛，而且擁有八隻腳[3]。

　　牠能致人於死的凝視則從未改變。那有如蛇髮女妖的眼睛，所看到的都會變成石頭；盧坎指出，從蛇髮女妖之一的美杜莎[4]的鮮血中，誕生了利比亞所有的蛇：毒蝰、蚓蜥、沙蟒和巴西利斯克。《法爾薩利亞》第九卷中描述了這個場景；豪雷吉[5]將其翻譯成西班牙文：

柏修斯[6]飛向了利比亞，
那裡從沒有過綠意和生命；
醜陋的臉孔[7]在那裡滴落她的血，
死亡在可怕的沙堆上寫下訊息；
很快，如雨般灑下的血發揮了作用，
溫暖的懷抱裡，孕育出
所有的蛇，淫婦也很驚奇

那荒野浸潤著毒液⋯⋯

美杜莎的鮮血，在此地
誕生出武裝的巴西利斯克
舌頭和眼睛是致命的瘟疫，
甚至蛇都畏懼。
在那裡牠是狂妄自大的暴君，
能在遠處進行雙重攻擊，
那嘶嘶的聲響和可怕的目光
教看見和聽見的都會死去。

　　巴西利斯克棲息在沙漠中；更確切的說，牠創造了沙漠。
在牠腳下，小鳥死亡，果實腐爛；牠用來解渴的河水已經中毒
了數百年。牠的眼神能使石頭碎裂，草地燃燒，這經過老普林
尼的證實。黃鼠狼的氣味會要了牠的命；在中世紀，有人說牠
怕的是公雞的啼叫。有經驗的旅行者會帶上公雞穿越陌生地
區。另一樣武器是鏡子；巴西利斯克會被自己的影像擊斃。
　　基督教百科全書主義者拒絕相信《法爾薩利亞》的神話寓
言，並為巴西利斯克的來源尋求合理的解釋（他們不得不相信
牠的存在，因為《聖經武加大譯本》[8]將一種希伯來語叫Tsepha
的有毒爬蟲類譯為「巴西利斯克」）。最受青睞的假設是一顆扭
曲變形的蛋，由公雞產下，且由蛇或蟾蜍孵化。十七世紀，托

馬斯・布朗爵士表示這種假設和巴西利斯克本身一樣荒誕。在同個時代，奎維多[9]也寫下他的故事詩《巴西利斯克》[10]：

如果看過你的人還活著，
你的整個故事就是謊言，
如果他沒死，他將會忘記你的存在，
如果他死了，也無法肯定你的存在。

1. Aldrovandi 2. *Historia Natural de las Serpientes y Dragones*
3. 原注：根據《散文埃達》(*Edda Menor*)，奧丁的坐騎有八條腿。
4. Medusa，是戈爾貢 (Gorgon) 三姊妹之一。Gorgon 是複數，有可怕的意思，因此字面的意思是「一群讓人感覺可怕的傢伙」。
5. Jáuregui
6. Perseus，除了殺死美杜莎，另一個有名的故事是營救安朵美達 (Andromeda) 並與之結婚。柏修斯在衣索比亞海岸邊看見被拴在礁石上的美人安朵美達，衣索比亞的公主，她的母親曾驕傲的宣稱安朵美達比所有的海仙女美麗，因此觸怒海神波塞頓，把安朵美達拴在那裡作為海獸克托 (Ceto) 的犧牲品。此外，他還建立了邁錫尼。
7. 指美杜莎被砍下的頭顱。柏修斯拿著頭顱飛過沙漠；後來柏修斯把美杜莎的頭顱獻給雅典娜。
8.《聖經武加大譯本》(*Biblia Vulgata*)，或譯《拉丁通俗譯本》。
9. Quevedo 10. *El Basilisco*

❧ 比蒙巨獸 ❧
EL BEHEMOTH

　　基督紀元前四個世紀，比蒙巨獸是大象或河馬的放大版，或者是這兩種動物的錯誤版和危言聳聽版；今日，牠恰好就是（《約伯記》XL, 15-24）著名的十節經文描述的，以及它們所喚起的巨大形式。剩下的就是爭論和語言學。

　　比蒙巨獸（Behemoth）這個名字是複數；它是（語言學家告訴我們）希伯來語b'hemah的密集複數，意思是「野獸」。正如弗萊・路易斯・德・萊昂[1]在他的《約伯記解說》[2]中所述：「『比蒙』是希伯來語詞，就像在說『野獸』；根據所有研究牠的學者的共同判斷，這意味著大象，如此稱呼來自牠驚人的巨大，好比許多動物合在一起成為一個動物。」

　　出於好奇，讓我們記住，在律法的第一節，上帝的名字——以羅欣（Elohim）——也是複數，支配的動詞是單數（「起初，上帝創造天地。」〔En el principio hizo los Dioses, el cielo y la tierra.〕），這種形式被稱為權能性複數或最高性複數[3]。

　　以下是出現在《約伯記》有關比蒙的詩句，由弗萊・路易斯・德・萊昂直譯，他提出「保留拉丁文的意思和希伯來語氣，會有一定的威嚴」：

十五、你且看比蒙巨獸，牠像牛一樣吃草。

十六、你且看；牠的力氣在腰間，牠的能力在肚臍。

十七、牠搖動尾巴如香柏樹，牠繃緊羞愧之處的筋。

十八、牠的骨頭彷彿青銅管；猶如鐵棒。

十九、牠是神的造物之首，創造牠的給牠刀[4]。

二十、群山為牠生草，那裡也是野地百獸嬉戲之處。

二十一、牠在涼蔭下：在蘆葦叢中，在潮濕的沼澤中。

二十二、牠在陰影的遮蔽下；在溪畔柳樹的環抱中。

二十三、你且看；河水將氾濫，牠不驚訝；約旦河水漲到
　　　口邊，牠依然保持信心。

二十四、孰能在牠眼前像鉤子一樣抓住牠；拿尖木刺穿牠
　　　的鼻子。

為了解釋上述內容，我們添加了西普里亞諾·德·瓦萊拉[5]
的版本[6]，加以對照：

十五、這是比蒙巨獸，我造牠也造你[7]：牠像牛一樣吃草。

十六、牠的力氣在腰間，能力在肚腹的肚臍。

十七、牠的尾巴如香柏樹搖動，牠生殖器的筋脈綜合交
　　　織。

十八、牠的骨頭堅硬如鋼，**牠的四肢好似鐵棒**。

十九、牠是神所造之物之首：創造牠的給牠劍。

二十、諸山給牠冒新枝；那裡也是野地百獸嬉戲之處。

二十一、牠伏在陰涼下，在蘆葦叢中，和濕地裡。

二十二、牠在**樹陰**的遮蔽下；在溪畔柳樹的環抱中。

二十三、牠能讓河水不再流動；約旦河的水漲到口邊，牠

也充滿信心。

二十四、孰能在牠的眼前絆倒牠，並刺穿牠的鼻子。[8]

1. Fray Luis de León，十六世紀文藝復興時期西班牙的奧斯定會修士，神學家、詩人、天文學家。

2. *Exposición del Libro de Job*

3. 原注：同樣，在西班牙皇家學院的文法中這樣寫道：「『Nos』（我們）儘管本質上是複數，當有尊貴身分的人說話指稱自己時，經常與單數名詞連用；例如：「我們，路易斯・貝盧加（Luis Belluga），靠著上帝和聖座卡塔赫納主教的恩典。」

4. 原注：這是上帝最偉大的奇蹟，但創造牠的上帝將摧毀牠。

5. Cipriano de Valera，西班牙的新教改革者，修訂卡西奧多羅・德・雷納（Casiodoro de Reina）翻譯的西班牙文聖經，該版本後來被稱為雷納－瓦萊拉（Reina-Valera）版。

6. 原注：粗體的部分沒有出現在原始希伯來文本中，而是由翻譯人員提供。

7. 指約伯。

8. 本段中的「比蒙」，傳統上認為就是埃及和非洲地區盛產的河馬。許多壁畫都描繪埃及的君主捕獵河馬。埃及神話中也有河馬的角色，通常代表和王權敵對的勢力。埃及有個節期，儀式化的殺死象徵法老仇敵的河馬；還有初民認為河馬極難捕捉，策略之一是刺穿牠的鼻子，迫使牠以口呼吸，然後用魚叉刺入牠口中殺死。不過經文的描述與河馬不太相符，如十七節，河馬的尾巴其實很短。兩約之間的時代初期，傾向從神話或超自然角度解釋這隻生物；比如《啟示錄》中的獸和大龍，即比蒙和利維坦（Leviathan）。

✦ 波拉梅茲植物羊 ✦
EL BORAMETZ

　　這種韃靼利亞的植物羊也叫波拉梅茲、多足蕨波拉梅茲和中國多足蕨植物羊，這是一種外型類似綿羊的植物，整株覆蓋著金黃色的絨毛。它高高一株，有四、五條根；植物會在它的周圍死亡，而它依然鬱鬱蔥蔥：當它被切開時，會流出血淋淋的汁液。狼特別愛吃它。托馬斯·布朗爵士在他的《世俗謬論》[1]（一六四六）第三卷中描述這種植物。其他怪物都是由不同種或屬的動物相結合；波拉梅茲卻是植物與動物的結合。

　　這種植物讓我們想起曼德拉草[2]，當它被拔起來，會發出像人類一樣的尖叫，還有《地獄篇》裡自殺者的悲傷之林，那些遍體鱗傷的軀幹湧出鮮血和話語，以及卻斯特頓[3]夢見的那棵樹，它吞噬了在枝子上築巢的鳥，並且春天到來時，長出的是羽毛，而不是葉子。

1. *Pseudodoxia Epidemica*，共七冊。布朗爵士用許多實驗去檢驗當時常見的謬誤和迷信，因此是挑戰和駁斥那個時代的一部作品，也是科學寫作的先驅，對神話生物的信仰從而開始衰落。十七世紀的英格蘭，許多家庭的書架上都有它。
2. 即毒茄蔘，《聖經》和合本譯作風茄，思高本譯作曼陀羅。請參閱本書〈曼德拉草〉。
3. Chesterton

✦ 布朗尼小矮人 ✦

LOS BROWNIES

　　他們是一群樂於助人的棕色小矮人，布朗尼的名字從顏色而來。他們經常造訪蘇格蘭的農場，並趁著全家熟睡時幫忙做家務。格林的一個故事提到類似的事情[1]。

　　傑出作家羅伯特・路易斯・史蒂文森[2]宣稱，他曾訓練他的布朗尼小矮人文學技巧。小矮人會到他的夢中向他提出奇妙的主題；例如，傑柯博士奇異變身成邪惡的海德先生[3]，還有奧拉拉（Olalla）[4]的故事裡有個片段，有位來自西班牙古老家族的年輕人咬傷他姊妹的手。

1. 格林童話有幾個跟矮人有關的故事，比較符合的應是〈森林裡的三個小矮人〉。
2. Robert Louis Stevenson，蘇格蘭人。
3. 出自《化身博士》（*Strange Case of Dr Jekyll and Mr Hyde*）。
4. 史蒂文森短篇小說 *Olalla*。

→ 戰馬布拉卡 ←
EL BURAK

　　《古蘭經》第十七章第一節包含這些話：「他在一夜之間，使他的僕人，從禁寺行到遠寺。我在遠寺的四周降福，以便我昭示他我的一部分蹟象。」注釋者認為接受讚頌者是上帝，僕人是穆罕默德，禁寺是麥加的聖殿，遠寺是耶路撒冷的聖殿，先知從耶路撒冷被帶到第七重天[1]。在最古老的傳說版本中，穆罕默德是由一個人或一位天使帶領；在後來的版本裡，他騎著一匹來自天上的馬，這匹馬體型比驢子大，又較騾子小，名叫布拉卡，意思是「萬丈光芒」。根據伯頓的說法，印度穆斯林通常把布拉卡描繪成人臉、驢耳、馬身，還有孔雀的翅膀和尾巴。

　　有一則伊斯蘭聖訓提到，布拉卡飛離地面時，踢翻一個裝滿水的水罐。先知被載往第七重天，並與居住其中的每位先祖[2]和天使交談，當上帝的手拍在他的肩膀上時，他跨越合一，感覺心臟彷彿凍結。人類的時間不是上帝的時間；當他回到地上，先知在水從罐子灑出之前就抓住了罐子。

　　米蓋爾‧阿辛‧帕拉西奧斯[3]談到一位十三世紀的穆爾西亞神祕主義者，寫了一則名為〈奔赴偉大威嚴的主之夜行之書〉[4]的寓言，作者讓布拉卡象徵神聖之愛。在另外一篇則提到，「心靈純潔的布拉卡」。

1. 此即穆罕默德的神蹟「夜行登霄」中的「夜行」，據記載，發生在六二一年七月二十七日。之後，穆罕默德上到七重天，則為「登霄」；穆斯林的「登霄節」來源於此。
2. 穆罕默德在第六重天見到穆撒（即摩西），在第七重天見到天堂和火獄。
3. Miguel Asín Palacios
4. *Libro del nocturno viaje hacia la Majestad del más Generoso*

→海馬←
EL CABALLO DEL MAR

海馬與其他的奇幻動物不同，並非由異質元素組合而成；牠只不過是一匹野馬，牠的家是大海，只在沒有月亮的夜晚，微風捎來母馬的氣味，才會踏上陸地。在某座小島上——也許是婆羅洲，沿岸的牧人會將國王最好的母馬藏到地底房間；水手辛巴達曾目睹一匹年輕的馬從海裡出來，跳到母馬身上，發出嘶鳴。

根據伯頓的說法，《一千零一夜》最終的版本可追溯到十三世紀；出生和死於十三世紀的宇宙學家阿爾卡茲維尼[1]在《創造的奧妙》[2]中寫道：「海馬就像陸地的馬，但是牠的鬃毛和尾巴更蓬鬆，顏色更有光澤，牠的蹄裂如野牛，比一般的陸馬矮小，但比驢子大一些。」他觀察到，海馬跟陸馬交配生下的後代非常美麗，並提到一隻黑毛的小馬駒，「有像銀圓一樣的白點」。

十八世紀的旅行家王大海[3]在《中國雜記》[4]中寫道：

「海馬通常出現在岸邊尋找母馬；人們有時能抓到牠。牠一身黑亮；尾巴長到能拂過地面；牠在陸地行走與一般陸馬無異，非常溫順，一天能跑上幾百英里。最好別讓牠泡在河裡，因為牠一看到水，天性就會被喚醒，游泳遠離。」

民族學家到希臘拉丁故事裡，去尋找母馬在風中受孕的伊

斯蘭幻想的起源。《農事詩》[5]第三卷，維吉爾敘述了這個故事。更為嚴謹的是老普林尼（VIII, 67）的描述：

「沒有人不知道在盧西塔尼亞[6]靠近奧林西波（里斯本）和太加斯河岸附近，母馬只要將臉迎向西風就會受孕；以此方式受孕生下的小馬駒特別輕盈，可是活不過三歲。」

歷史學家查士丁[7]推測，「風之子」的誇張說法，應該是源自這個寓言，指的是跑得飛快的馬。

1. Al-Qazwini，十三世紀的波斯醫生、天文學家、地理學家和文學家，足跡遍布美索不達米亞和地中海東部地區。
2. *Maravillas de la creación*，從上面的世界開始，首先描寫天堂、星星、星座和天上的生物（天使）；接著介紹下面的地球，海洋和棲息在其中的生物，然後是植物、動物、鳥類和昆蟲，最後是關於奇幻生物的部分。屬插圖式百科全書，在伊斯蘭世界被多次印刷。
3. Wang Tai-hai（Ong-Tae-Hae），王大海，字碧卿，生卒年不詳，福建人。清乾隆年間，約一七八三年，乘船至爪哇，僑居巴達維亞、三寶壟等地約十年，遊蹤遍及馬來半島諸港口、爪哇北岸，撰有《海島逸志》六卷及其他。英國傳教士、漢學家麥都斯將他的《海島逸志》翻譯成英文，於一八四九年出版。
4. *Miscelánea china*
5. *Georgica*，共四卷。第一卷談莊稼；第二卷談葡萄和橄欖樹；第三卷談放牧牛、馬；第四卷談養蜜蜂。
6. Lusitania，羅馬帝國的一個行省，在今葡萄牙和西班牙西部的一部分。
7. Justinus

地獄看門犬
EL CANCERBERO

如果地獄是房子，那就是黑帝斯[1]的房子，那麼自然會有看門犬；這隻狗也自然會被想像成凶神惡煞。赫西俄德在《神譜》中給了牠五十顆頭；為了造形藝術的方便，這個數量已經減少了，現在大家都知道地獄看門犬有三顆頭。維吉爾提到牠有三個脖子；奧維德提過牠的三重吠叫；巴特勒[2]將教宗——作為天堂看門人——頭飾上的三重冠，跟地獄看門犬的三顆頭做比較（《胡迪布拉斯》[3]，IV, 2）。但丁賦予牠人類性格，加劇了牠的地獄特質：充滿汙垢的黑鬍子，黑色、濕漉漉的雙爪在雨中撕裂被詛咒者的靈魂。牠啃咬、吠叫，齜牙咧嘴。

海克力士[4]最後一項工作是把看門犬帶到光天化日之下。十八世紀的英國作家撒迦利・格列[5]如此解釋這場冒險：

> 「這隻三頭犬代表過去、現在和未來，正如人們所說的，牠吞噬一切。牠被海克力士擊敗，證明英雄的行動戰勝了時間，並存在後世的記憶中。」

根據最古老的紀錄，看門犬用牠的尾巴（是一條蛇）迎接進入地獄的人，並吞噬企圖逃走的人。後來的傳說則認為牠撕咬那些下地獄者；為了安撫牠，習俗上是在棺材裡放一塊蜂蜜糕餅。

在斯堪地那維亞神話中，有隻血跡斑斑的狗，加姆（Garmr），牠守衛死者的房子，當地獄的狼群吞噬月亮和太陽

時，牠將與眾神作戰。有人認為牠有四隻眼睛；婆羅門教死神閻摩（Yama）的狗也有四隻眼睛。

在婆羅門教和佛教，都有充滿狗的地獄[6]，牠們和但丁的地獄犬（Cerbero danteso）一樣，是靈魂的劊子手。

1. Hades　2. Butler　3. *Hudibras*

4. Heracles，宙斯與凡人之間的私生子之一，因此被神后赫拉痛恨。他著名的十二項工作，就是赫拉暗中操縱為難他的難題。其中一項工作是擊殺九頭蛇，請參閱本書〈勒納湖九頭蛇〉；最後一項是捕獲並帶回本篇中的地獄看門犬。

5. Zachary Gray

6. 佛教有火狗地獄。

牛身巨獸卡特布蘭帕斯
EL CATOBLEPAS

老普林尼（VIII, 32）說，卡特布蘭帕斯居住在衣索比亞邊界，離尼羅河源頭不遠處。

「牠是中型野獸，步態闌珊。牠的頭特別重，頂著頭移動相當費勁；因此總是垂向地面。倘若不是因為這樣，卡特布蘭帕斯恐怕會滅絕人類，因為凡是看到牠眼睛的人都會死去。」

「卡特布蘭帕斯」在希臘文中的意思是「俯視」。居維葉[1]認為，古人由牛羚（被蛇妖巴西利斯克[2]和蛇髮女妖〔gorgonas〕汙染）得到靈感而創造卡特布蘭帕斯。《聖安東尼的誘惑》[3]結尾寫道：

「卡特布蘭帕斯（是黑色水牛，那似豬的頭垂在地上，後面連接著一條細長而鬆弛的脖子，就像排空的腸子。牠棲息在爛泥裡，腳完全消失在遮住臉龐的巨大鬃毛之下）：
「臃腫、憂鬱、悶悶不樂，我什麼都不做，只有感覺肚皮下溫熱的泥漿。我的頭太重，抬不起來。我慢慢的把頭埋進胸前；半張著嘴，用舌頭拔起被呼吸浸濕的毒草。有一次，我不知不覺吃了自己的蹄子。
「沒有人，安東尼，看過我的眼睛，或者那些看過的人已經死了。如果我抬起粉紅色和浮腫的眼瞼，你會立刻死去。」

1. Cuvier　2. 請參閱本書〈蛇妖巴西利斯克〉。
3. *La Tentation de saint Antoine*

✦ 半人馬 ✦
EL CENTAURO

　　半人馬是奇幻動物學裡最和諧的生物。奧維德在《變形記》中稱之為「兩形動物」，但牠的異質性很容易被忘記，並認為在柏拉圖的形式世界中，有一個半人馬的原型，如馬或人。發現這個原型，花了好幾個世紀；在早期古老的紀念碑上，描繪了一個裸體男子的腰部彎扭的連接著馬匹的臀部和下肢。奧林匹亞宙斯神廟的西立面，可見到半人馬已有了馬腿；原本應該出現馬脖子的地方卻出現人的軀幹。

　　色薩利[1]國王伊克西翁[2]與宙斯賦予赫拉人形的雲朵[3]，生下了半人馬；另有傳說指出牠們是阿波羅的孩子。（據說「半人馬」源自乾闥婆[4]；在吠陀神話裡，乾闥婆是掌管太陽馬匹的小神。）荷馬時代的希臘人對馬術一無所知，因此推測他們看見的第一批游牧民族[5]似乎與他們的馬連成一體，據說皮薩羅[6]或科爾特斯[7]的士兵，也是印地安人眼中的半人馬。

　　「其中一個騎在馬背上的人摔了下來；當印地安人目睹那隻動物一分為二，並相信這是事實，他們嚇壞了，轉身對同伴大喊大叫加以警示，並讚嘆這動物分成兩種形象：這對他們來說是一團謎；倘若事情不是這樣發生，他們可能會殺光所有的基督徒。」普雷斯科特[8]的一篇文章如此敘述。

　　但是希臘人跟印地安人不同，他們熟悉馬；因此合理的狀況應該是，半人馬並非無知混淆的結果，而是醞釀而出的一種形貌。

　　半人馬最廣為流傳的寓言是牠們與拉皮斯人[9]的戰鬥，起

因是後者邀請前者參加婚禮。作為賓客的半人馬第一次嘗到酒，這對牠們來說是新鮮的東西；宴會進行到半途，一個醉醺醺的半人馬羞辱新娘，掀翻桌子，開啟那場著名的半人馬之戰，後來菲迪亞斯[10]或他的弟子在帕德嫩神廟刻下這場戰爭，而奧維德在《變形記》第十二卷中唱出這個故事，未來這將給魯本斯[11]帶來靈感。半人馬被拉皮斯人打敗，不得不從色薩利落荒而逃。而後在另一場戰爭，海克力士用弓箭將牠們全數殲滅。

半人馬象徵著質樸的野蠻和憤怒，但是「半人馬中最正直的卡戎」（《伊利亞德》，XI, 832）是阿基里斯[12]和阿斯克勒庇俄斯[13]的老師，他教導他們音樂、狩獵、戰爭，甚至醫藥和外科手術。《地獄篇》第十二首中，卡戎令人難忘，這首歌普遍被稱為〈半人馬之歌〉。在這方面可參閱莫米格里亞諾[14]在一九四五年評注版中敏銳的觀察。

老普林尼聲稱他看過一個用蜂蜜保存的半人馬，是從埃及送來給皇帝的。

在《七賢者的晚餐》[15]中，普魯塔克幽默的講述，有個牧羊人給科林斯的暴君佩里安德[16]帶來一只皮袋，裡面裝著母馬新生的幼崽，牠有人的臉、脖子和手臂，其餘部分是馬。牠哭得像個嬰兒，每個人都認為這是一個可怕的預兆。智者泰利斯[17]看著牠，笑了，告訴佩里安德，說他真的不能贊同他的牧羊人的行為。

盧克萊修[18]在他的詩《物性論》[19]第五卷中肯定的表示半人馬不存在，因為馬比人類更早成熟，三歲時，半人馬將既是成年馬也是牙牙學語的幼兒。馬會比人類早五十年死去。

1. Thessalia
2. Ixion，色薩利拉皮斯的國王。他在一次宴會上調戲神后赫拉，宙斯便照赫拉的形貌變出一朵雲。酩酊大醉的伊克西翁誤把此雲當作赫拉，後來雲朵產下了半人半馬，這隻半人馬與佩利翁山上的母馬交配，成為所有半人馬的祖先。
3. 這朵赫拉的人形雲有個名字，涅斐勒（Nephele）。
4. Gandharva，身體有些部分是動物，通常是鳥或馬。
5. 指斯基泰人（Scythian）。
6. Pizzarro
7. Hernán Cortés，與 Pizzarro 皆是美洲早期的西班牙征服者。
8. Prescott　9. Lapiths　10. Fidias　11. Rubens
12. Achilles，特洛伊戰爭英雄，是色薩利國王佩琉斯（Peleus）與海洋女神忒提斯（Thetis）的兒子。他歷來以勇氣、俊美和體力著稱，對雅典娜和赫拉非常尊敬。荷馬在《伊利亞德》中花了很大的篇幅描寫他。他的荷馬加詞（Homeric epithets）有，輝煌的阿基里斯、無雙跑者、最暴力的人、熾熱的阿基里斯、驕傲的跑者。
13. Asclepius，古希臘神話中的醫神。相傳古希臘醫師，被譽為「醫學之父」的希波克拉底，為阿斯克勒庇俄斯的後裔。
14. Momigliano　15. *Cena de los siete sabios*　16. Periander　17. Thales
18. Lucretius　19. *De Rerum Natura*

✦ 百頭魚 ✦
EL CIEN CABEZAS

　　百頭魚的出現，是由於幾句話的業力，在死後的時間裡所產生的反響。佛陀的一部中國傳記中提到，他遇到了幾個漁夫正在拉網。不知費了多少力氣，他們終於撈出一條大魚，這條魚有猴頭、狗頭、馬頭、狐狸的頭、豬頭、老虎的頭等等，直到一百個。佛陀問牠：

　　「你不是卡皮拉（Kapila）嗎？」

　　「我是卡皮拉。」百頭魚臨死前回答。

　　佛陀向弟子們解釋說，卡皮拉在前世的某個轉世中是個婆羅門，他出家後在聖典的智慧上超越了很多人。有時，同伴理解有誤時，卡皮拉就叫他們「猴頭」、「狗頭」等。當他死後，這些累積的謾罵的業力，使他在轉世之際變成水怪，背負著他給同伴的所有頭顱。

✦ 天鹿 ✦
EL CIERVO CELESTIAL

　　我們對天鹿的外觀一無所知（或許是因為沒人能清楚見到牠們），這些悲慘的動物確實在地底下，唯一的渴望是出來見見天日。牠們能說話，並乞求礦工幫助牠們。起初牠們賄賂礦工，承諾給他們貴金屬；當這招失敗，天鹿便騷擾礦工，他們就把天鹿牢牢的封在礦坑裡。聽說，有人被天鹿折磨。

　　傳說更提到，如果天鹿出現在日光下，會變成能肆虐國家的惡臭液體。

　　這種想像來自中國，記錄在 G・威洛比－米德[1] 的《中國食屍鬼和妖精》[2]（倫敦，一九二八）一書中。

---

1. Gerald Willoughby-Meade，英國作家，他的作品是關於中國民間傳說中的超自然現象。儘管他對亞洲研究很感興趣，但他從未訪問過中國或日本，所有的訊息都來自閱讀。

2. *Chinese Ghouls and Goblins*

⟶ 狗狼克洛柯塔與仿克洛柯塔 ⟵
CROCOTAS Y LEUCROCOTAS

　　阿爾塔薛西斯二世[1]的醫生克特西亞斯[2]使用波斯的資料編造了對印度的描繪，那是一部價值不可估量的作品，能用來了解阿爾塔薛西斯二世時代的波斯人如何想像印度。作品的第三十二章提供了一則狗狼（lobo-perro）的資訊；老普林尼（VIII, 30）給這個假想動物取名為克洛柯塔，並宣稱：「沒有什麼是牠不能用牙齒咬碎，立刻吞下去消化的。」

　　比對克洛柯塔的描述更準確的是仿克洛柯塔，有些評論者看到了牛羚、鬣狗的影子，有些人認為是兩者的融合。牠速度非常快，只有野驢大小。牠有鹿腳，獅子的頸部、尾巴和胸部，獾的頭，偶蹄，嘴裂至耳朵，還有一個連續的骨頭代替牙齒。牠居住在衣索比亞（那裡也有野牛，長著可移動的牛角），以溫柔的模仿人聲而聞名。

1. Artaxerxes II
2. Ctesias，生活於西元前五世紀。

克洛諾斯或赫拉克勒斯飛龍
CRONOS O HÉRCULES

新柏拉圖主義者達馬希烏斯[1]的論文《第一原理的問題與釋疑》[2]記錄了一個奧菲斯神譜和宇宙起源論的奇特版本，其中克洛諾斯——或赫拉克勒斯——是一種怪物：

> 「根據赫羅尼姆[3]和赫拉尼庫斯[4]（如果兩人不是同一人的話），奧菲斯教義教導說，初始只有水和泥，兩者搓揉成為土地。這兩種要素在首位：水和土地。從這兩者生出第三種要素：一條有翼的龍，前面是牛頭，後面是獅子，中間是神的臉，稱為「不老的克洛諾斯」，也叫「赫拉克勒斯」。隨牠一起誕生了「需求」（Necesidad），也稱作「無可避免的需求」（Inevitable），在宇宙中擴展並觸及了邊界……。克洛諾斯，這條龍，從自己身上抽出一顆三重種子（una triple simiente）：濕氣瀰漫的以太（Eter），無邊無際的混沌（Caos），霧氣朦朧的冥界（Erebo）[5]。牠在這些的下面生了一顆蛋，世界將從蛋裡出來。最後一項要素是一個既是男人也是女人的神，背上長著金色翅膀，兩側長著牛頭，頭上是一條巨龍，像所有的野獸的綜合體……」

也許是因為巨大而怪異的東西似乎不適合希臘，更適合東方，華特・克蘭茲[6]認為這些幻想源自東方。

1. Damascius　2. *Dudas y Soluciones sobre los Primeros Principios*　3. Jerónimo
4. Hellanicus　5. 英文是 Erebus。　6. Walther Kranz

⇾卡夫卡的混種動物⇽
UNA CRUZA

「我有一隻奇妙的動物，牠一半是小貓，一半是小羊。牠是我從父親那兒繼承的遺物。我接手後，牠才完全長大；之前牠比較像羊而不是貓。現在一半一半。牠有貓頭和貓爪，卻是羊的大小和形體；牠有陰鬱而閃亮的雙眼，柔軟光滑的短毛，同時蹦蹦跳跳和偷偷摸摸。牠躺在窗邊曬太陽，蜷縮著發出呼嚕聲；牠一到田野就瘋狂奔跑，任誰也追不上。牠像貓一樣飛撲過去攻擊小羊。在月光下，牠最喜歡在屋頂天溝散步。牠不會喵喵叫，討厭老鼠。牠會長時間潛伏在雞舍前，但是從未犯下謀殺罪。

「我拿牛奶餵牠；這似乎最適合牠。牠大口大口吸吮的牛奶流過牠獵食動物的牙齒間。對孩子們來說，這自然是一場精釆的表演。星期天上午是參觀時間。我會坐下來，把這隻動物抱在膝上，附近所有的孩子都圍到我身邊。

「這時人類無法回答的最古怪的問題不斷提出來：為什麼會有這種動物？為什麼我是牠的主人，而不是其他人？以前有過類似的動物嗎？牠死後會怎樣？牠不孤單嗎？為什麼牠不生幼崽？牠叫什麼名字，等等。我懶得回答；我只展示我的所屬物，沒做太多解釋。有時，孩子們帶貓過來；有一次他們還帶了兩隻小羊。令他們失望的是，並沒有任何相認的場面。動物們張著動物的眼睛溫柔對望，彼此接受對方的存在為神聖的事實。在我的膝蓋上，這隻動物無視恐懼和追逐的衝動。牠似乎覺得依偎在我身上是最好的方式。牠變得依戀養育牠的家庭。

這種忠誠度並不特別。這是動物的真正本能，儘管牠在地球上有無數的姻親，卻沒有一個血親，因此牠在我們身上找到的支持，對牠來說是神聖的。

「有時我忍不住笑出來，因為牠在我四周發出響亮的呼吸聲，在我雙腳之間鑽來鑽去，不想離開我。彷彿只當貓跟羊還不夠，牠還想當一隻狗。有一次──正如任何人都可能遇到的──我眼看怎麼也沒辦法度過經濟難關，打算結束一切。我滿腦子這個想法，坐在房間的手扶椅裡搖晃，這隻動物就窩在我的膝上；當我垂下眼睛，看見牠粗大的鬍子滴著淚水。那是牠的還是我的？這隻裝著羊的靈魂的貓有著人類的傲氣嗎？我從父親那裡繼承的東西不多，但是照顧這個遺物是值得的。

「牠既有貓的躁動，又有羊的躁動，儘管它們非常不同。因此，牠的身體根本裝不下。有時，牠跳上扶手椅，前腳趴在我的肩膀上，把牠的嘴湊到我耳邊。彷彿牠在對我說著什麼，事實上牠轉過頭來之後，恭敬的看著我，看看跟我的交流是否有用。為了取悅牠，我假裝明白了，點點頭。牠跳到地板上，圍著我蹦蹦跳。

「也許屠夫的切肉刀是對這隻動物的救贖，但牠是遺物，我不能這麼做。這就是為什麼牠必須等到嚥下最後一口氣，雖然有時牠用理性的人眼看著我，這會促使我做出理性的行為。」

法蘭茲・卡夫卡

⇥ 拴著鎖鏈的母豬 ⇤
Chancha con Cadenas

在菲利克斯・柯魯西歐[1]所著的《阿根廷民俗辭典》[2]（布宜諾斯艾利斯，一九五〇）第一〇六頁上寫道：

> 「在科爾多瓦北方，尤其是在基利諾斯（Quilinos），據傳每當黑夜降臨，總會出現一隻拴著鎖鏈的母豬。火車站附近的當地人信誓旦旦說，拴著鎖鏈的母豬有時會在鐵軌上走動，其他人則確信，母豬在電報的電纜上奔跑，用『鎖鏈』發出地獄般的聲響，是常見的事。沒人看過牠，因為每當去找牠，牠就會神祕消失。」

1. Félix Coluccio　2. *Diccionario folklórico argentino*

→猶太教惡魔←

DEMONIOS DEL JUDAÍSMO

在肉體和精神的世界之間，猶太迷信想像了一個由天使和惡魔居住的球體。這裡的居民數量超過了算術的可能性。隨著時間的推移，埃及、巴比倫和波斯，都相繼促成了那個夢幻球體的形成。或許是受基督教影響（出自特拉亨伯格[1]的建議），比起天使學或天使學科，惡魔學或惡魔學科相對沒那麼重要。

儘管如此，我們挑出卡德·梅里里（Keteh Merirí）[2]，正午與炎夏之主。有些孩子在上學途中遇到了它；除了兩個，其他都死了。在十三世紀，猶太惡魔學充斥著拉丁的、法國的和日耳曼的入侵者，最終都與《塔木德》記錄的魔鬼融合在一起了。

---

1. Trachtenberg
2. 猶太惡魔。它不是像天使那樣的完全屬靈的生物，也不是像人類那樣的有形生物。它全身覆蓋鱗片、毛髮和眼睛；它透過一隻眼睛可以看見，但這隻眼睛在它的內心深處。

✦ 史威登堡的惡魔 ✦
LOS DEMONIOS DE SWEDENBORG

　　伊曼紐・史威登堡（一六八八一一七七二）的惡魔不構成一個物種：它們來自人類。它們待在沼澤、沙漠、叢林、被大火蹂躪的村莊、妓院、陰暗巢穴的地獄裡快快不樂，但是到了天堂它們會更痛苦。有時，一道天光從高處射到它們身上；惡魔將其體驗為熾熱的燃燒和惡臭。它們自認擁有美麗的外貌，實際上長著野獸的臉孔，或者只是一張由幾塊肉簡單組成的臉，甚至沒有臉。它們生活在互相仇恨和武裝暴力中；如果它們聚在一起，是為了摧毀彼此或摧毀某人。上帝禁止人類和天使繪製地獄的地圖，但我們知道，那裡的樣貌大約是惡魔的形象。最悲慘和駭人的地獄就在西方。

✦影子吞噬者✦
El Devorador De Las Sombras

有一種奇特的文學題材，分別出現在不同時代和不同國家：亡者穿越冥界的指南。史威登堡的諾斯底著作《天堂與地獄》[1]，藏人的《度亡經》[2]（根據埃文斯‧溫茨[3]的說法，書名應譯為「在死後的中間階段透過聞道而得解脫」），和埃及的《死者之書》，這些只是舉例，尚未窮盡。後兩本的「相似與相異之處」引起學者的關注；在這裡重申一下，藏人的手冊認為另一個世界和這個世界一樣虛幻，而對埃及人來說，它是真實和客觀的。

這兩部經文裡都有一個神的法庭，有些神長著猴頭；在這兩個法庭中，皆有對善行與惡行的權衡。在《死者之書》，天平的兩端分別是一根羽毛和一顆心；《度亡經》中，則是白色與黑色的鵝卵石[4]。藏人是由惡魔擔任狂暴的劊子手；埃及人則有影子吞噬者。

死者發誓，他從未造成飢餓或哭泣，從未殺戮，從未買兇，從未偷喪葬用的食物，從未偽造重量，沒有從孩子的嘴裡拿走牛奶，沒有把動物驅離草地，不曾捕捉神明的鳥兒。

如果說謊，四十二位法官就把他交給吞噬者，「它前面是鱷魚，中間是獅子，後面是河馬」。吞噬者有另一種動物——巴百（Babaí）——的協助，我們只知道巴百很可怕，普魯塔克認為它是巨人（titán），是奇美拉[5]的父親。

1. *Heaven and Hell*，完整書名是 *Heaven and its Wonders and Hell From Things Heard and Seen*（天堂與奇觀和來自地獄的見聞）。
2. *Bardo Thödröl*
3. Evans-Wentz
4. 司善之神以白石子計算亡者生前的善行，司惡之神以黑石子計算惡行。
5. 請參閱本書〈噴火怪物奇美拉〉。

✦ 雙生 ✦
EL DOBLE

　　在鏡子、水和孿生子的暗示或啟發下，許多國家都有雙生的概念。可以假設，諸如畢達哥拉斯「朋友是另一個我」或柏拉圖「認識你自己」之類的句子，都是受此概念的啟發。在德國，人們的說法是「分身（Doppelgangers）[1]」，在蘇格蘭則稱為「魂（fetch）」，因為它涉及將人引向（fetch）[2]死亡。因此，遇見自己是不祥的；羅伯特‧路易斯‧史蒂文森的悲劇民謠《提康德羅加》[3]，講述了關於這個主題的傳奇。還記得羅塞蒂[4]那幅奇怪的畫〈他們如何遇見自己〉（How They Met Themselves）；兩個戀人在森林的暮色中與自己相遇。類似的例子還可以從霍桑、杜斯妥也夫斯基和阿爾弗雷德‧德‧繆塞[5]那裡引用。

　　另一方面，對猶太人來說，雙生的出現並非即將死亡的預兆。而是證明那個人具有如先知的預言能力。格爾肖姆‧朔勒姆[6]就是這樣解釋的。《塔木德》收錄的一則傳說講述一個尋找上帝的人，他找到了自己。

　　在愛倫坡的故事〈威廉‧威爾森〉[7]中，雙生是主角的意識。後者殺了前者後也會死去。在葉慈的詩歌中，雙生是我們的正面，我們的反面，是補足我們的那一個，那個我們不是也永遠不會成為的人。

　　普魯塔克寫道，希臘人稱國王的代表為「另一個我」。

1. 德文為Doppelgänger，字面的意思是「雙行者」。
2. fetch，帶來、把魂接來等意思。名詞有「活人的魂」之意。
3. *Ticonderoga: A legend of the West Highlands*
4. Rossetti　5. Alfred de Musset　6. Gershom Scholem　7. *William Wilson*

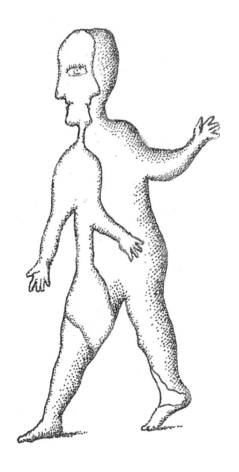

✦ 龍 ✦

EL DRAGÓN

　　龍的能力莫測高深，可變幻出多樣形貌。一般來說，人們想像牠有馬頭、蛇尾、巨大的側翼和四隻爪子，每隻爪子有四根猛禽的利爪。傳說牠有九種相似之處：角似鹿，頭似駱駝，眼睛似鬼怪，頸部似蛇，腹部似軟體動物，鱗似魚，利爪似鷹，腳掌似虎，耳朵似牛。有些例子龍沒有耳朵，只能用角聆聽。通常用一顆珍珠來代表牠，這顆珍珠掛在牠的脖子上，象徵太陽。珍珠藏著牠的力量。如果取走珍珠，牠將變得無害。

　　歷史把最早幾位皇帝視為龍的子孫。牠的骨頭、牙齒、唾液，都具藥用價值。牠能隨心所欲在人類面前現身或隱形。春天，牠飛升到天空；秋天，牠潛入水的深處。有些龍沒有雙翼，也能乘勢而飛。學科上將龍區分成幾種類別。天龍背負諸神的宮殿，以防墜地；神龍呼風喚雨，造福人類；地龍決定溪河的流向；地底的龍守護人類禁忌的寶物。佛教徒肯定龍的數量不比他們許多同心海[1]裡的魚少；牠們確實的數量是個神聖數字，那個數字就存在宇宙的某處。比起其他神靈，中國人更相信龍，因為他們經常在變化多端的雲彩中看見龍。無獨有偶，莎士比亞觀察到有些雲朵變化為龍的形狀（「有時候我們會看見龍狀的雲」）。

　　統御群山之龍，與風水有關，近陵墓之龍，則與孔子的祭禮有關，牠是陸地上的海神王（Neptune）。海龍王居住在水下閃閃發光的宮殿中，以蛋白石和珍珠為食。龍王一共五位：居中央的為首，其他四位分據四個方位。牠們每個都有一里格[2]長，

當牠們變換位置時，會使山脈相撞。牠們身披黃色鱗片盔甲，下巴有鬍鬚，腿和尾巴覆蓋毛髮。火紅眼睛的上方是前凸的額頭，耳朵小而肥厚，嘴巴總是張開，舌頭很長，牙齒鋒利。呼氣能把魚煮熟，身體散發的氣息能把魚烤焦。牠們浮升到海面上，能引起漩渦和颱風；牠們在空中飛行，會激起暴風雨，捲走城市房屋的屋頂和淹沒田地。牠們長生不死，彼此之間不論距離多遠，不需言語就能交流。牠們每年第三個月都會向上天稟報。

1. 根據古印度的世界觀，須彌山位於世界的中心，周圍環繞著八座同心圓的山脈。八個同心的海洋將這八座山脈分隔開來。
2. 一里格，約步行一小時的距離，四點八公里左右。

中國龍
EL DRAGÓN CHINO

  中國的宇宙起源論教導，萬眾生（世界）誕生於陰陽這兩個互補與永恆法則有節奏的振盪中。陰的屬性是，聚合、黑暗、消極、偶數和寒冷；陽則是，生長、光明、主動、奇數和暖熱。陰的象徵是，女人、大地、橘黃、山谷、河床和老虎；陽則是，男人、天空、青藍、群山、梁柱和龍。

  中國龍是四大神獸之一。（其他為麒麟、鳳凰和龜。）西方龍充其量讓人心生畏懼，最糟的是，牠還是個可笑的角色；相反的，傳說中的中國龍具有神性，既是天使也是獅子。因此我們在司馬遷的《史記》裡讀到，孔子尋訪守藏史藏書室官員老子，拜訪之後表示：

> 「鳥，吾知其能飛；魚，吾知其能游；獸，吾知其能走。
> 走者可以為罔，游者可以為綸，飛者可以為矰。至於龍，
> 吾不能知，其乘風雲而上天。吾今日見老子，其猶龍邪！」

  一條龍或龍馬出現於黃河之上，對皇帝揭示象徵陰陽交互作用的著名河圖；有位帝王，馬廄裡有供騎乘的龍；另一位則食龍肉，他的國家繁榮昌盛。一位偉大的詩人，為了預警重大風險，可能寫下了：「麒麟淪為冷肉，龍淪為肉餅。」

  在《易經》（變化的經典）中，龍象徵智者。

  幾個世紀以來，龍一直是帝國的象徵。皇帝的寶座稱為龍椅，皇帝的臉稱為龍顏，皇帝駕崩稱為乘龍升天。

在普遍的想像裡，龍與雲、農民渴望的雨水以及大河，是聯繫在一起的。「大地與龍合一」這樣常見的說法意味著下雨。六世紀時，張僧繇創作一幅四條龍的壁畫。觀者指責他省略了龍的雙眼。張僧繇惱怒的拿起畫筆完成其中兩條蜿蜒的龍。「空中雷電交加，牆壁開裂，龍騰空飛去。而另外兩條沒有眼睛的龍依然留在原處。」

中國龍有角、爪和鱗，背脊上豎立一根根尖刺。通常用一顆珍珠來代表牠，珍珠不是嘴裡含著就是懸在牠的嘴前。這顆珍珠裡面有牠的力量。如果取走珍珠，就能馴服牠。

莊子告訴我們，有個頑強的人歷經三年辛苦習得了屠龍術，餘生卻苦無使用的機會。

✦ 西方龍 ✦
EL DRAGÓN EL OCCIDENTE

　　一條笨重高大、張著爪子和翅膀的蛇，可能是對西方龍最忠實的描述。牠可能是黑色的，但也應該是金碧輝煌的；還經常需要呼出火光和煙霧。當然，以上所述是牠當前的形象；希臘人似乎將牠的名字應用於任何體型大的蛇。老普林尼說，到了夏天，龍渴望大象的血，而大象的血液非常冰冷。牠突襲大象，把大象纏繞起來，用利齒咬下去。失血的大象倒在地上打滾，然後死去；龍也死了，是被對手的重量壓死的。我們還讀過，衣索比亞的龍群經常越過紅海前往阿拉伯，追逐更好的牧場。為了完成此一壯舉，四五條龍相互擁抱，頭伸出水面，看上去就像一艘船。另外還有一章專門討論源自龍的偏方。例如將牠的眼睛曬乾後，加入蜂蜜搗碎，是一帖化解惡夢的有效敷劑。在儀式中，把龍心的油脂抹在羚羊皮上，再將皮革用鹿的筋腱綁在手臂，能確保訴訟成功；同樣的，把一串龍的牙齒綁在身上，能讓主人變得寬容、使國王心善。老普林尼還以懷疑的態度記下一帖保證讓人所向無敵的藥方。這帖藥方是用獅子的毛髮、動物的骨髓、剛剛贏得比賽的馬的涎沫、狗的指甲、龍的尾巴和頭製成的。

　　《伊利亞德》第十一卷中，阿伽門農[1]的盾牌上有一條三頭青龍；幾個世紀後，斯堪地那維亞海盜在盾牌上畫龍，在船首雕刻龍頭。在羅馬人中，龍是騎兵軍團的標誌，一如鷹之於步兵軍團；這就是當今「龍騎兵」的起源。英國的日耳曼國王的旗幟上也有龍；這類圖像的目的是為了讓敵人心生恐懼。所

以，在阿提斯（Athis）的民謠裡我們讀到：

Ce souloient Romains porter,
Ce nous fait moult à redouter.
（這是羅馬人經常佩帶的，
這讓我們非常害怕。）

在西方，龍經常被認為是邪惡的。英雄（如海克力士、齊格菲[2]、聖米格爾[3]、聖喬治[4]）的經典壯舉就是擊敗並殺死牠。在日耳曼傳說中，龍守護珍貴之物。同樣的，八世紀左右的英格蘭，創作了長詩《貝奧武夫》[5]，其中也有一條龍，三百多年來一直守護著寶藏。一個逃跑的奴隸藏進牠的山洞裡，偷走一個水壺[6]。龍醒了，注意到東西遭竊，決定殺掉小偷；每隔一段時間牠就下到洞穴去仔細查看一遍。（令人讚嘆的是詩人賦予這頭怪物一種人類的不安全感。）後來龍開始破壞，使王國變得荒涼；貝奧武夫前去尋龍，與牠戰鬥，最後殺死了牠。

人們曾相信龍的存在。十六世紀中葉，康拉德·格斯納[7]將龍記錄在《動物史》[8]中，這是一部科學性質的作品。

時間已經明顯削弱了龍的威望。我們相信獅子是真實的也是象徵；我們相信米諾陶洛斯[9]是象徵，而非真實；在奇幻動物中，龍可能是最著名的，但也是最不幸的。在我們看來，牠似乎很幼稚，往往以幼稚的方式汙染牠出現的故事。儘管如

此，不應忘記，這是一種現代偏見，可能由於童話故事中的龍過多所造成的。然而，聖約翰的《啟示錄》中兩度提及龍，「那古蛇名叫魔鬼，又叫撒旦。」同樣的，聖奧古斯丁[10]寫道，魔鬼「是獅子也是龍；獅子為力量，龍為狡詐」。榮格觀察到，龍結合了蛇和鳥，具有土地和空氣的屬性。

1. Agamemnon，希臘邁錫尼的國王，特洛伊戰爭中希臘人的統帥。他的弟弟是斯巴達國王墨涅拉奧斯，他的妻子正是引起特洛伊戰爭的海倫。
2. Siegfried　3. Saint Michel　4. Sanctus Georgius　5. *Beowulf*
6. 裡面裝滿金子。
7. Conrad Gessner　8. *Historia animalium*
9. 請參閱本書〈牛頭人米諾陶洛斯〉。
10. Augustinus Hipponensis

❧ 預言佛陀誕生的象 ❧
EL ELEFANTE QUE PREDIJO EL NACIMIENTO DEL BUDDHA

　　基督紀元前五百年，尼泊爾的瑪亞王后夢見一頭來自黃金山的白象進入她的身體。這個夢幻的動物有六根象牙，象徵印度斯坦空間的六個維度：上、下、前、後，左、右。國王的占星家預言，瑪亞王后會生下一個孩子，他將成為世界的皇帝或人類的救世主。我們都知道，後者應驗了。

　　在印度，大象是家畜。白色代表謙遜，而六是神聖的數字。

✦ 小精靈 ✦
LOS ELFOſ

　　小精靈有日耳曼血統。我們對他們的外表所知甚少，只知道它們陰險而矮小。它們偷財物，偷小孩。它們也沉迷於小小的惡作劇。在英國，當地人把一頭糾結亂髮叫做elf-lock（小精靈鬖髮），因為人們認為這是小精靈的傑作。有一種盎格魯撒克遜的驅邪儀式，可以抵消小精靈從遠處射出小箭的邪惡能力，這種細小的鐵箭能刺穿皮膚不留痕跡，引起神經疼痛。在德語，「惡夢」這個詞由Alp而來，語源學家認為這個詞來自elfo（小精靈），因為在中世紀，人們普遍認為小精靈會按壓睡眠者的胸口，讓他們做惡夢。

❧ 埃洛伊人和莫洛克斯人 ❧
Los Eloi y Los Morlocks

　　一八九五年，年輕的威爾斯[1]出版小說《時間機器》[2]，書中主角搭乘一架機器裝置前往遙遠的未來。他發現人類分為二個物種：埃洛伊人，脆弱而毫無防備的貴族，住在廢棄的花園裡，以水果為食；莫洛克斯人，生活在地下的無產階級，由於在黑暗中工作，已經失明，他們在簡單的例行程序的推動下，繼續運行複雜但生鏽的機器，不生產任何東西。兩個世界靠著帶螺旋梯的一口口豎井連通。每逢那些沒有月亮的夜晚，莫洛克斯人會從監禁中蜂擁而出，吞噬埃洛伊人。

　　主角成功逃回現代，他帶回的唯一戰利品，是一朵不知名的、枯萎的花，在此時此地化為塵土，但在數千個世紀後，它將會綻放。

1. H.G. Wells　2. *The Time Machine*

女海妖艾斯西拉
ESCILA

　　在成為怪物和漩渦之前，艾斯西拉本是水精靈[1]，是格勞科斯[2]愛慕的對象。格勞科斯尋求喀兒珂[3]協助，因她的藥草和魔法知識聞名於世。喀兒珂迷戀上了格勞科斯，但他難以忘懷艾斯西拉，她於是在水精靈經常沐浴的泉水中下毒。艾斯西拉一碰到水，下半身就變成狂吠的狗。支撐身體的是十二隻腳，有六個頭，每個頭口中有三排牙齒。她被這種變形嚇壞了，跳下分隔義大利和西西里島的海峽。諸神將她變為岩石。在暴風雨中，水手依然能聽見海浪拍擊岩石的嚎叫。

　　這個寓言出現在荷馬、奧維德和保薩尼亞斯[4]的作品中。

1. Nymph，請參閱本書〈水精靈寧芙〉。
2. Glaucus，一位保佑漁民的海神。本為普通人，一個漁夫，吃了神草後成為不朽。
3. Circe，具有女神、女巫身分的複雜角色。她的荷馬加詞之一是polyphar-makos，意思是「知道很多藥物和魅力」。最有名的故事出現在《奧德賽》(《伊利亞德》的續集)第十卷，她把奧德修斯的船員變成豬，奧德修斯得到雅典娜的信史赫爾墨斯(Hermes)的協助，找到一種叫Moly的神奇藥草，得以免受喀兒珂傷害，也讓船員恢復人形；奧德修斯與喀兒珂結合，在喀兒珂的艾尤島上居住一年，之後喀耳珂建議奧德修斯經由墨西拿海峽返回家鄉，但在這個海峽上他將會遇到賽蓮(請參閱本書〔海妖賽蓮〕)，喀兒珂教他如何安全通過賽蓮們的島。
4. Pausanias，羅馬時代的希臘地理學家、旅行家，著有《希臘志》十卷。

獅身人面怪物斯芬克斯
LA ESFINGE

　　埃及古蹟中的斯芬克斯（希羅多德稱之為「男性人頭的斯芬克斯」〔Andro-esfinge〕，以區別希臘的）是一隻伏在地上的獅子，長著人頭；據推測，牠代表國王的權威，並守護陵寢和神廟。另外，卡奈克[1]神廟大道上有羊頭斯芬克斯，是阿蒙神的聖獸。亞述的紀念碑中發現留著鬍子和頭頂冠冕的斯芬克斯，此形象也經常出現在波斯寶石上。老普林尼在他的衣索比亞動物目錄中包括了斯芬克斯，但他提供的唯一描述是「紅棕色的毛髮，胸有乳房」。

　　希臘的斯芬克斯有女人的頭和胸部，鳥翅，獅子的身體和四肢。有些人認為是狗身和蛇尾。據說，牠摧殘底比斯[2]王國，向人提問謎語（因為牠有人的聲音），並吞噬那些無法解謎的人。牠問柔卡絲塔[3]的兒子伊底帕斯[4]：

　　「什麼東西有四足、二足或三足，越多越脆弱？」[5]

　　伊底帕斯回答說是人，人小的時候用四足爬行，長大後用兩足行走，年老時靠在一根棍子上。當謎語被解開，斯芬克斯從山頂往下跳而死亡。

　　一八四九年左右，德·昆西[6]提出第二種說法，可以補充傳統的解釋。據德·昆西之見，謎語中的主題與其說是一般的人不如說是伊底帕斯自己——初始是無助的孤兒，成年後孤身一人，在絕望和失明的晚年得到安蒂岡妮[7]的支持。

1. Karnak　2. Thebes，位於希臘。　3. Jocasta
4. Oedipous，底比斯王萊瑤斯（Laius）和王后柔卡絲塔的兒子。他在不知情的狀況下，殺死自己的父親並娶自己的母親。萊瑤斯因以前所做的惡事受到詛咒，神諭說他將會被自己的兒子殺死，因此伊底帕斯出生沒多久，萊瑤斯刺穿新生兒的腳踝（Oedipous 在希臘文是「腫脹的腳」，oideo 是腫脹，pous 是腳），命牧人丟在樹林裡，牧人不忍，把嬰兒交給鄰國科林斯的牧人；牧人將嬰兒交給科林斯國王收養。伊底帕斯從不知自己是養子，有次他去德爾斐神廟請求阿波羅的神諭，神諭說他將來會「弒父娶母」，為避免神諭成真，他離開科林斯。在山路上他因爭路不小心殺死自己的親生父親萊瑤斯。不久底比斯遭到斯芬克斯騷擾，文中提到伊底帕斯解謎的時候他已殺了父親；拯救底比斯後，他與國王的遺孀柔卡絲塔結婚，也就是自己的親生母親。
5. 原注：這似乎是最古老的版本。歲月增添了將人的一生當作一天的隱喻。現在的版本是這樣：「哪一種動物早上四隻腳走路，中午兩隻腳走路，下午三隻腳走路？」
6. Thomas De Quincey
7. Antigone，伊底帕斯的女兒。

→巨型海怪法斯提托倫←
FASTITOCALÓN

在中世紀，人們將兩部作品的完成歸於聖靈。據悉，第一部是聖經；第二部則是宇宙，其造物包含不道德的教義。為了解釋後者包含的教訓，於是彙編了博物志（Fisiólogos）[1]或動物寓言（Bestiarios）。我們從盎格魯撒克遜的動物寓言中，總結了以下文字：

> 「我也將在這首巨鯨之歌中發言。牠對所有航海者都很危險。這個海洋泳者被命名法斯提托倫。牠的形狀有如一塊粗糙的岩石，上面覆滿了沙；他們把高艒船停在虛假的土地上，下船且無懼任何危險。他們紮營，生火，睡覺，筋疲力盡。這個叛徒，沉入海洋；牠在尋找牠的深度，任憑船和人淹沒在死亡的殿堂。牠從嘴裡吐出甜美的香味，吸引海中其他的魚類。牠們鑽進牠的喉嚨，牠闔上嘴，吞下。魔鬼就這樣把我們拖進了地獄。」

相同的寓言出現在《一千零一夜》，聖布倫丹的傳說[2]，和米爾頓的《失樂園》，它們向我們展示了在「挪威的泡沫中」沉睡的鯨魚。

1. Fisiólogos，英譯為 Physiologus。有一本中世紀的流行書籍就叫 *Fisiólogos*，通常翻成《博物學者》，但此譯並不準確，因為此書的內容不同於老普林尼他們試圖對自然生物做客觀描述的意圖，《博物學者》的基督教作者從熟悉和奇妙的生物的特性和習慣（很多來自老普林尼）中提取寓言意義和基督教教義，作為道德化的基礎，因此是中世紀的基督教博物志。一千多年來，它持續對歐洲動物的「意義」的觀念發生影響，是動物寓言（bestiarum vocabulum）的前身。中世紀的詩歌文學裡充滿可以追溯到《博物學者》的典故傳統；它也對中世紀教會藝術的象徵意義產生巨大的影響：例如從灰燼中復活的鳳凰和用自己的血餵養孩子的鵜鶘，這些象徵仍然廣為人知。波赫士在此應是指與此類似的文本。

2. Saint Brendan，生活於西元五、六世紀，愛爾蘭早期聖徒，帶領一群修士到大西洋航海、探險。他的冒險故事於九世紀被編纂成《聖布倫丹修道院長的奇幻漂流》（*Navigatio Sancti Brendani Abbatis*）。

⊹ 中國動物群 ⊹
FAUNA CHINA

麒麟，虎頭，人臉，四蹄，四肢修長，齒間有條蛇。

赤水以西有獸名叫**跊踢**，兩邊各有一個頭。

讙頭國，居民有人頭、蝙蝠翅、鳥喙。只吃生魚。

梟像倉鴞，有人臉、猴身、狗尾。牠的出現預告大旱將至。

猩猩就像猴子。白臉、尖耳朵。跟人一樣直立行走，能爬樹。

刑天，無頭，因曾與諸神爭戰，遭到斬首，此後永遠沒有頭。雙眼在胸前，肚臍當作嘴。牠在曠野裡蹦蹦跳跳，揮舞盾牌和斧頭。

花魚或**飛蛇魚**，形似魚，但有鳥翅。牠的出現預告乾旱降臨。

山獋，人臉狗身，善於跳躍，速度快如箭；因此，牠的出現是颱風的先兆。牠見人就嘲諷的笑。

長臂國，居民有一雙觸地長手。在海邊抓魚為生。

海底人，有人的頭和臂，有魚身和魚尾。牠們在強流水域浮出水面。

鳴蛇，一個蛇頭、四隻翅膀。鳴聲有如敲磬。

並封，居於巫溪之地，外型有如黑豬，但兩端各有一頭。

天馬，外型如一隻黑頭白狗，有肉質的厚翅，能夠飛翔。

奇肱國，居民只有一隻手臂、三個眼睛。技藝精湛，能製作飛天車，乘風飛翔。

帝江，棲息於天山的神鳥。赤褐色，六隻腳和四隻翅膀。

但是沒有臉也沒有眼睛。

《太平廣記》

✦ 美國動物群 ✦
Fauna De Los Estados Unidos

威斯康辛州和明尼蘇達州的伐木營地有一則荒誕的神話，裡面某些奇特的生物，當然，那是沒有人會相信的。

隱藏怪（Hidebehind）總是躲在什麼東西的後面。不管人再怎麼轉身，牠總是在他身後，這就是為什麼沒有人看過牠，即使牠殺死並吃掉許多伐木工人。

無毛鳥（Roperite），一種體型如小馬的動物，牠有一個類似繩索的喙，能用來套住跑得最快的兔子。

水壺怪（Teakettler），因其發出的噪音而得名，類似於有水沸騰的茶壺；牠從嘴裡吐出煙霧，倒退著走路，很少被人看到。

斧頭狗（Axehandle Hound），頭像把斧頭，身體像是斧柄，粗短的腿，只吃斧柄。

當地有一種**高地鱒魚**（Upland Trouts），在樹上築巢，飛得很好，怕水。

此外，還有一種叫**谷方**（Goofang）的魚，倒退游泳，這樣眼睛才不會進水，「外形跟翻車魚一樣，但是大上許多」。

可別忘記**谷弗斯鳥**（Goofus Bird），這種鳥顛倒築巢，倒退飛行，因為牠不在乎飛往哪裡，而是在乎牠在哪裡。

吉里戈盧鳥（Gillygaloo）在著名的「金字塔四十」（Pyramid Forty）[1] 上築巢，牠生下方形的蛋，能避免滾下山坡遺失。伐木工人將這些蛋煮熟，當作骰子使用。

峯頂松雞（Pinnacle Grouse）只有一個翅膀，只能飛一個方

向，一直繞著錐形山丘打轉。羽毛的顏色會隨著季節和觀看者的狀況而變化。

1. 出自北美巨人保羅・班揚（Paul Bunyan）的神話故事。保羅擔任伐木工人時，其中一個任務是在一座占地約四十英畝，滿山都是巨大粗壯的樹木，且形如金字塔的山上伐木，而他在一天（或說七天）之內完成了任務。

中國鳳凰
EL FÉNIX CHINO

中國的經典往往令人失望，因為缺乏聖經裡我們所習慣的感染力。然而，突然間，在一個理性的段落中，我們發現了感人的親密時刻。比如，《論語》第七篇記載：

> 子曰：「甚矣吾衰也！久矣吾不復夢見周公！」

或是，第九篇：

> 子曰：「鳳鳥不至，河不出圖，吾已矣夫！」

「圖」（根據評論者的解釋），指的是一隻神龜背上的銘文。至於鳳凰，是一種色彩絢麗的鳥，類似雄雞和孔雀。在史前時代，這種鳥會出現在賢君的園林和宮殿，作為上天恩惠的可見證據。雄性為鳳，有三隻腳，住在太陽裡。

在紀元後一世紀，有位大膽的無神論者王粲，認為鳳凰並非固定的物種。他宣稱就像蛇變成魚、老鼠變成烏龜一樣，在繁榮昌盛的時代，鹿變成了麒麟，鵝則變成鳳凰。他用「吉祥液」來解釋這些突變，在基督紀元前兩千三百五十六年，此「吉祥液」使賢君之一的堯，院子裡長出猩紅的草。正如所見，王粲的資料不足，或者過多。

在地獄裡，則有一個虛構的建築，叫做「鳳凰塔」。

→ 神雞 ←
EL GALLO CELESTIAL

　　中國人認為，神雞是一種有黃金羽毛的鳥，每日啼叫三次。第一次，太陽在海洋邊緣沐浴時；第二次，太陽在天頂時；最後一次，太陽在西方下沉時。第一次的啼叫震動天際，喚醒人類。天雞是「陽」的始祖，是宇宙的雄性法則。牠有三足，棲息在扶桑樹上，樹高數百英里，生長在黎明之地。神雞的叫聲非常嘹亮；其氣勢磅礴。牠下蛋，孵出紅冠的小雞，這些小雞每天早晨都會回應牠的啼叫。世界上所有的公雞都來自神雞，牠也稱作黎明之鳥。

✦ 迦樓羅神鳥 ✦
GARUDA

　　毗濕奴，主宰婆羅門萬神殿的三相神的第二位，祂通常騎著一隻身體充滿大海的蛇，或迦樓羅[1]。毗濕奴是藍色的，有四隻手，分別拿著神杵、法螺、神盤和蓮花；迦樓羅，長有翅膀、鷹的臉和爪子，人類的軀幹和腿。白色的臉，猩紅色的翅膀，金色的身體。用青銅鑄造或用石頭雕刻的迦樓羅的形象，經常被安放在寺廟的大獨石碑上。基督紀元前一個多世紀，有位希臘人赫利奧多羅斯[2]——毗濕奴的崇拜者，在印度瓜廖爾[3]豎立一座迦樓羅雕像。

　　在《迦樓羅往世書》[4]（這是《往事書》[5]第十七部，或傳說）中，這種博學的鳥向人類宣告宇宙的起源，毗濕奴的太陽性質，崇拜毗濕奴的儀式，源自月亮和太陽之家族的傑出家譜，《羅摩衍那》的論據，以及各種有關經文、語法和醫學的新知。

　　七世紀，一位國王創作的《蛇之樂》[6]中，迦樓羅每日殺死並吞下一條蛇，直到一位佛教王子教給牠戒律的美德。最後一幕中，懺悔的神鳥，使被吞噬的蛇骨全都起死回生。埃格林[7]懷疑這部作品是婆羅門對佛教的諷刺。

　　寧巴卡[8]，一個神祕主義者，生卒年代不詳，他曾寫道，迦樓羅是永得救贖的靈魂；神的冠冕、戒指和笛子也是靈魂。

---

1. 漢譯「大鵬金翅鳥」。　2. Heliodorus　3. Gwalior　4. *Garuda-Purana*
5. *Puranas*　6. *Nagananda*　7. Eggeling
8. Nimbarka，婆羅門、瑜伽士、哲學家、天文學家。他的哲學認為，人困在被prakrti（物質）束縛的肉體中，只有向Radha-Krishn（拉達和克里希納）臣服（不是經由他們自己的努力），才能獲得從重生中解脫所必需的恩典。

⇥ 笑臉貓與搏命貓 ⇤
El Gato de Cheshire y los Gatos Kilkenny

　　英文有個短語「grin like Cheshire cat」（跟柴郡貓一樣露齒而笑）。對這句話，已經提出了各種解釋。其中一種，指在柴郡，人們販售笑臉貓形狀的乳酪；另一說法是，柴郡是一處伯爵領地，這種貴族的標誌使得貓群非常歡喜。還有一種說法，在理查三世時代有位叫卡特林[1]的護林官，他與盜獵者打鬥時總露出猙獰的微笑。

　　在一八六五年出版的夢境小說《愛麗絲夢遊仙境》[2]中，路易斯·卡羅[3]賦予笑臉貓一種能逐漸隱身的本領，最後只留下沒有牙齒沒有嘴的微笑。據說搏命貓，牠們激烈打鬥，彼此互相吞噬，直到剩下尾巴為止。這個故事可追溯到十八世紀。

1. Caterling　2. *Alice's Adventures in Wonderland*　3. Luis Carroll

✦ 地精諾姆 ✦
LOS GNOMOS

地精比它的名字更古老，它的名字是希臘語，經典從未出現，因為只能追溯到十五世紀。語源學家將其歸諸瑞士鍊金術士帕拉塞爾蘇斯[1]，它首次出現在他的著作中。

它們是大地和山上的精靈。在大眾的想像裡，它們是大鬍子矮人，相貌粗獷怪誕；穿著緊身的棕色衣服，頭戴修道院的兜帽。就像希臘和東方迷信中的獅鷲葛里芬[2]或日耳曼的龍，據說它們守護隱藏的寶藏。

Gnosis在希臘文中是「知識」[3]；據推測，帕拉塞爾蘇斯發明Gnomo這個詞，是因為它們知道且能向人類揭示貴金屬隱藏的確切地點。

---

1. Paracelsus
2. 請參閱本書〈獅鷲葛里芬〉。
3. 也常譯為靈知。屬早期猶太教和基督教派別的諾斯底主義（Gnosticism）也源自此。

⊹ 泥人戈侖 ⊰
El Golem

　　一本由神聖智慧口述而成的書不可能有任何偶然,甚至包括它的字數或字母順序;卡巴拉[1]學者是這樣理解它的,他們被參透上帝奧祕的願望所驅使,致力於計算、組合、排列聖經的字母。十三世紀,但丁稱所有的聖經章節都具有四重意義:字面的、寓意的、道德的和比喻的。艾斯哥德・艾儒吉納[2]說過,聖經的意義是無限的,此想法更符合神性的概念,就像孔雀尾巴的顏色。或許卡巴拉學者會同意這個觀點;他們在神聖文本中尋找的祕密之一,並不是有機體的創造。據說,魔鬼能塑造大而堅固的生物,如駱駝,但並不精緻,拉比以利以謝[3]否認魔鬼有能力創造出比一粒大麥還小的東西。「戈侖」(Golem)一詞用來稱呼由字母組合創造的人;這個詞的字面意思是「一種無定形或無生命的物質」。

　　《塔木德》[4](〈猶太公會篇〉[5],65b)提到:

　　　「如果義人想要創造一個世界,他們可以做到。拉瓦[6]組合上帝難以言喻的名字的字母,創造出一個人,並將它送到拉夫・澤拉[7]那裡。拉比對這個人說話;由於它沒有回應,拉比告訴它:

　　　「你是魔法所造的;回歸塵土去吧。」

　　　「兩位大師曾經每週五研究創造的法則,並且創造了一頭三歲的小牛,然後他們將牠作為晚餐[8]。」

奧地利作家古斯塔夫・梅林克[9]的作品，讓泥人在西方聲名大噪，這本神祕的小說《戈侖》[10]（一九一五）在第五章提到：

「故事的起源可追溯到十七世紀。根據卡巴拉失傳的程序，一位拉比[11]創造一個人造人——所謂的戈侖——讓它在猶太會堂負責敲鐘和粗重的工作。然而，它不像其他人那樣是個活生生的人，它更像在過聾子和植物人的生活。它那單調的生活能一直持續到夜晚，是由於受到一個魔法銘文的影響，銘文被放在它牙齒的後方，能吸引宇宙中自由恆星的力量。有天下午，在晚禱之前，拉比忘記從戈侖嘴裡取出銘文，導致它陷入瘋狂，它沿著漆黑的巷道奔跑，除掉擋在它面前的人。最後，拉比攔下它，並打破驅使它行動的銘文。那個生物崩潰了。只剩下搖搖欲墜的泥偶，至今仍在布拉格的猶太會堂展出。」

沃木思的以利亞撒[12]曾談過創造一個戈侖所需要的程序。這個程序的細節涵蓋了對開本上二十三個欄位，並需要了解「有二百二十一個組合的字母表」[13]，對於戈侖的每個器官都要如法炮製。然後把希伯來語「emet」一詞刺在它的額頭上，意思是「真理」。要毀滅這個生物，只要刪除首字母，這樣一來只剩下「met」，意思是「死亡」。

1. Kabbalah，是與猶太哲學觀點有關的思想，用來解釋永恆的造物主與有限的宇宙之間的關係。它的思想被許多教派引用，但它並非一個教派。

2. Escoto Eriúgena　3. Eliezer　4. *Talmud*　5. Sanhedrin　6. Rava　7. Rav Zera

8. 原注：叔本華曾寫下：「在《神奇圖書館》（*Zauberbibliothek*）第一卷第三百二十五頁，傳教士霍斯特（Horst）這麼解釋英國預言家珍‧里德（Jane Lead）的信念：『依她所見，擁有魔力的人都可以隨心所欲統治和更新礦物、植物和動物王國；因此，只要幾個魔法師達成協議，就可能讓所有的造物回到天堂的狀態。』」（《論大自然的意志》〔*Über den Willen in der Natur*, VII〕）

9. Gustav Meyrink　10. *Der Golem*　11. 原注：Judah Loew ben Bezalel

12. Eleazar de Worms　13. 原文是，los alfabetos de las doscientas veitiuna puertas。

→ 獅鷲葛里芬 ←
EL GRIFO

希羅多德在敘述獅鷲與獨眼人（Arimaspos）之間不斷的爭戰時，稱牠們為「有翼的怪物」；幾乎與老普林尼同樣不精確，老普林尼說這些「神話般的鳥」（X, 70）有長耳朵和彎嘴喙。或許麻煩纏身的約翰·曼德維爾爵士[1]在他著名的《遊記》[2]第八十五章中描繪得比較詳細：

> 「人們從這片土地（土耳其）前往有邪惡和狡猾的人的巴克特里亞（Bactria），在那片土地上有可以產毛的樹木，就像綿羊一樣，毛能用來織布。在那片土地上有『河馬』（ypotains），牠們有時棲息在陸上，有時在水中，半人半馬，只有在抓到人時才吃人。在那片土地上有獅鷲，比其他地方都還要多，有人說牠們前半身是鷹，後半身是獅子，這是事實，因為牠們就是這樣的長相；但是獅鷲的身體比八隻獅子大，比一百隻鷹強壯。因此毫無疑問，牠們能捉住馬匹連同騎士，或者一對耕田的同軛牛隻，將其帶回巢穴，由於牠們巨大的利爪和牛的身體一樣大，人們用這些爪子製成喝水的杯子，並拿肋骨來拉弓射箭。」

在馬達加斯加，另一位著名的旅行家馬可波羅，一聽說當地的大鵬鳥，便知道他們指的是獅鷲（《馬可波羅遊記》，III, 36）。

在中世紀，獅鷲的象徵意義是矛盾的。一個義大利動物寓

言說這個詞意味著魔鬼；而一般認為是象徵基督，比如塞維亞的依西多祿[3]在他的《詞源》[4]解釋說：「基督是獅子，因為祂統治並擁有力量；祂也是鷹，因為祂復活後升天。」

在《煉獄篇》第二十九首，但丁夢見獅鷲拉著一輛凱旋車；牠老鷹部分的身體是金色的，獅子的部分是白色混合赤褐色，根據注釋者的說法，這意謂基督的人類特徵[5]（白色混合赤褐色即為肉色）。

另有人認為，但丁想要象徵教皇，因他既是修士也是國王。迪德龍[6]在他的《基督教圖像志》[7]中寫道：「教宗，作為教皇或老鷹，直升到天主的寶座旁，接受祂的任命，又如獅子或國王，帶著力量和活力在地上行走。」

1. Sir John Mandeville，歷史上不確定此人為虛構還是真實存在。
2. *The Travels of Sir John Mandeville*　3. San Isidoro de Sevilla　4. *Etymologiae*
5. 原注：這些讓人想起《雅歌》（V, 10-11）中對新郎的描述：「我的良人白而且紅……；他的頭像至精的金子。」
6. Didron　7. *Iconografia cristiana*

仙子
LAS HADAS

這個名字來自拉丁文 fatum（命運）的發音[1]。它們用魔法干預人類的事務。據說，仙子是小神中數量最多、最美麗，最令人難忘的。它們的蹤跡不只限於單一地區，或單一時代。古希臘人、愛斯基摩人和印地安人，都講述他們的英雄獲得這些奇妙生物的愛情的故事。這類冒險相當危險；仙子一旦激情獲得滿足，可以將它的情人置於死地。

在愛爾蘭和蘇格蘭，人們認為它們住在地底下，把綁架來的大人、小孩囚禁在裡頭。人們相信它們擁有田野挖掘出來的新石器時代的箭頭，並賦予箭頭萬無一失的神奇藥效。

仙子喜歡綠色，唱歌和音樂。十七世紀末，一位蘇格蘭亞伯福伊爾[2]的柯克牧師[3]編寫一本書，題名為《精靈、半羊人和仙子的祕密國度》[4]。一八一五年，華特·司各特爵士將這份手稿交給印刷商。據說柯克先生被仙子帶走了，因為他揭開它們的神祕面紗。在義大利海域，仙子摩甘娜[5]製造海市蜃樓迷惑水手，並使他們迷航。

---

1. 仙子，英國的對應詞彙是 Fairy，北歐是 Alvar，德國是 Fee，法國是 Fée，義大利是 Fate，西班牙是 Hada，日本是妖精。根據妖精學家井村君江研究，Fairy來源於拉丁文 fatum（複數為 fata），意思是命運、宿命。衍生動詞 fatum 意思為「施展魔法、迷惑人」，後轉為法文中的 faer 或 feer，意思是「被施魔法的」或「被迷惑的」，之後再演變成中古時代法文中的名詞 feerie（意思是「幻覺、魔法」），傳入英國後隨著時代演化出 fayerye、faery、pharie、faerie 等詞，最後定為 Fairy。
2. Aberboyle　　3. Robert Kirk　　4. *The Secret Commonwealth of Elves, Fauns and Fairies*
5. Morgana，亞瑟王傳說裡的人物，著名的女巫。

⟶ 巴比倫異獸 ⟵
HANIEL, KAFZIEL, AZRIEL Y ANIEL

在巴比倫，以西結[1]在異象中看見四個動物或天使，「每一個都有四張臉和四隻翅膀」，「至於它們的臉型，四個都有一張人的臉，右邊是獅子臉，左邊是牛臉，四個也都有一張鷹的臉。」它們走往靈魂引導的方向。「每一個都往自己的臉所朝的方向走」，或者它們的四張臉，神奇的轉往四個方向。四個輪子「怪異而高聳」，跟在天使的身後，每個輪子的四周都布滿了眼睛。

以西結的回憶錄啟發聖約翰在《啟示錄》中對這四種動物的描寫，第四章提到：

> 「寶座前還有一個水晶般的玻璃海，寶座的四周有四個活物，它們前後都長滿了眼睛。」
>
> 「第一個活物像獅子，第二個活物像牛犢，第三個活物的臉面像人，第四個活物像飛鷹。四個活物各有六個翅膀，裡外布滿了眼睛。它們晝夜不停的說：『聖哉！聖哉！聖哉！主、全能的神，昔在、今在、以後要來的那一位。』」

《光輝之書》[2]中，補充說這四個動物分別叫漢尼爾、卡夫傑爾、阿茲列爾和阿尼爾，它們看向東南西北四個方向。

史蒂文森問，如果在天堂裡有這樣的東西，地獄裡沒有什麼？卻斯特頓從前面《啟示錄》的段落中得出了他對夜晚的傑出隱喻：長滿眼睛的怪物。

《以西結書》中的四重天使被稱為海華絲（Hayoth），或活物；對《創世之書》[3] 來說，以十個數字配合二十二個字母，就能創造這個世界；《光輝之書》認為天使頂著字母從天而降。

　從海華絲的四張臉中衍生出代表四位福音傳道者的符號：馬太被賦予天使，有時是人，有鬍子；馬可是獅子；路加是公牛；約翰是老鷹。聖傑羅尼莫[4] 在他對以西結的評論裡，試圖對這些歸因進行推理。他說馬太被賦予天使（人類），是因為他強調基督的人性；馬可為獅子，是因他宣告基督的王者尊嚴；路加為公牛，公牛是犧牲的象徵，因他呈現基督的祭司特質；約翰為老鷹，是因他堅持基督熱切上升的精神。

　德國研究學者亨尼格[5] 博士從黃道十二宮的四個星座中，找尋四個符號的遠古由來，這四個星座彼此相距九十度。獅子和公牛能夠輕易配對上符合的星座；天使對應的是有張人臉的水瓶座，聖約翰之鷹隨後與天蠍座聯繫在一起，儘管天蠍座因其不祥的含意而被排斥。尼古拉斯・德沃爾[6] 在他所著的《占星百科全書》[7] 中也提出了假設，並注意到這四個形象聚集在獅身人面怪物斯芬克斯身上，有人頭、公牛的身體、獅子的爪子和尾巴，以及老鷹的翅膀。

1. Ezequie

2. *Zohar*，又稱《光明篇》。書中以祕密且晦澀的閃族亞拉姆語（Aramaya）書寫。亞拉姆語是以色列第二王朝時期的日常用語，聖經中《但以理書》和《以西結書》的寫作語言，也是《塔木德》的主要語言。本書是卡巴拉思想中最長且最重要的文獻，是對希伯來聖經（《舊約聖經》）的注解。書中探討上帝的本質、宇宙的起源，結構、靈魂的本質、贖罪等。

3. *Sefer Yetsirah*，是猶太神祕主義現存最早的書籍，書中認為宇宙源自希伯來文的二十二個字母和十個數字，它們共同構成上帝創造宇宙的三十二條智慧方式。該書出現於西元三至六世紀。

4. San Jerónimo　5. Richard Hennig　6. Nicolás de Vore　7. *Diccionario de astrologia*

→ 雷神侯卡 ←
Haokah, Dios del Trueno

　　印地安人蘇族之間流傳，侯卡以風為鼓槌，來擊鳴雷鼓。它頭頂上的角表明它也是狩獵之神。它在快樂時哭泣；悲傷時則笑。它在寒冷時感到熱，在熱時感到冷。

→ 勒納湖九頭蛇 ←

LA HIDRA DE LERNA

　　提風[1]（大地之母[2]與巨人塔塔羅斯[3]所生的畸形兒子）和上半身是美麗女子、下半身是蛇的艾奇德娜[4]，生下了勒納湖九頭蛇。歷史學家狄奧多羅斯[5]說牠有一百個頭；阿波羅多洛斯[6]的《書庫》[7]認為是九個。蘭普里爾[8]告訴我們後者的數字較能令人接受；可怕的是，每砍掉牠一個頭，同樣的位置就會長出兩個。據說，牠的頭全都是人頭，中央的那個則永生不死。牠的吐氣能讓水變毒，使田地乾枯。即使牠睡了，環繞牠的毒氣也能殺死人。朱諾[9]撫養牠長大，用牠來抗衡海克力士。

　　這條蛇似乎注定永生不死。牠的巢穴位在勒納湖的沼澤。海克力士和伊奧勞斯[10]曾搜捕過牠；前者砍下牠的頭，後者用火把燒合流血的傷口。海克力士將最後那個永生不死的頭顱埋在一個大石頭下，或許現在還在埋藏處，滿腦怨恨的長眠。

　　在別的冒險中海克力士跟其他野獸戰鬥，因他的箭浸過九頭蛇的膽汁，能造成致命的傷害。

　　一隻螃蟹——九頭蛇的朋友——在戰鬥中咬住海克力士的腳後跟，他用腳踩碎牠。後來朱諾將牠升到天空，成為今天巨蟹座的星座和標誌。

1. Typhon　2. Gaia (Earth)　3. Tártaros　4. Echidna　5. Diodorus Siculus

6. Apollodorus，雅典的阿波羅多洛斯。

7. *Bibliotheca*，是一本希臘神話的百科全書。據說並非阿波羅多洛斯所作，因引用資料在時代上有所矛盾。

8. Lemprière

9. Juno，神后，朱庇特（Jupiter）之妻。羅馬統治希臘後，將古義大利的主神朱庇特與古希臘的宙斯對應，朱諾則對應赫拉。宙斯、朱庇特、北歐的奧丁（或提爾），和古印歐神話體系的天父特尤斯（Dyaus Pita）都來自同一個語根。

10. Iolaus

✦巨靈利維坦之子✦
EL HIJO DE LEVIATÁN

　　「那時，在亞爾與亞維農之間的隆河上有一片森林，林中有一條龍，半獸半魚，比牛大，比馬長。牠的牙齒鋒利如劍，頭的兩側都長有角，躲在水中，會殺害外地人，淹沒船隻。牠來自葛拉西亞（Galasia）海，是由凶殘的海蛇利維坦和名叫奧納格羅（Onagro）[1]的野獸所孕育的後代，這種野獸在葛拉西亞地區生長……」

　　　　　　　　　　　《黃金傳說》[2]，里昂，一五一八

---

1. Onagro，義大利文「野驢」的意思。
2. *La Légende dorée*，十三世紀義大利雅各・德・佛拉金（Jacobus de Voragine）的著作，是一部基督教聖人傳記集。逐章介紹含耶穌、聖母瑪利亞、大天使米迦勒等一百名以上的聖人，有當時受人敬拜的各位聖人的生平、聖跡。每章開頭介紹聖人名字的來源，其中充滿誇張的想像。為中世紀歐洲的暢銷書，一度比《聖經》版本的數量還多。因它如此出名，以至於歐洲人會用「黃金傳說」來代指任何聖人傳說故事集。

→ 鷹馬 ←
EL HIPOGRIFO

　　維吉爾說過，馬和獅鷲匹配，是既不可能也不協調的。四個世紀過後，注釋者塞爾維烏斯肯定的說，獅鷲是一種上半身是鷹、下半身是獅子的動物。為了增加文本的說服力，還補充說牠們討厭馬……。隨著時間流逝，「*Jungentur jam grypes equis*」（獅鷲與母馬匹配）[1]的說法成為俗語；十六世紀初，阿里奧斯托想起這個俗語，而創造出鷹馬。鷹和獅子結合，為古人的獅鷲；馬和獅鷲，則為阿里奧斯托的鷹馬，這是一種第二級的怪物，或第二級想像力的發明。皮耶托・米契里[2]指出，這種動物比有翼的馬更和諧。

　　有一段關於鷹馬的具體描述，像是為奇幻動物學辭典特意寫的一樣，可以在《瘋狂奧蘭多》裡找到：

> 「這匹駿馬不是偽裝的，而是天生如此，因為獅鷲在母馬的體內孕育了牠。牠繼承父親的羽毛、翅膀、前腿、臉孔和嘴喙；其他部分承自母親。被稱作鷹馬。牠們來自（儘管，說實話，牠們非常罕見）冰海之外的里菲安（Rifeos）山脈。」

第一次提到這奇怪的野獸，看似偶然的巧合：

> 「在羅多尼亞（Rodona）附近，我看到一位騎士，他有一匹巨大的帶翼駿馬。」

還有一些八行詩描述了令人驚訝和驚奇的飛馬。這一首最有名：

她見到主人和他的家人，
窗戶裡的人跟街道上的人，
他們抬起眼睛與睫毛望向天空，
彷彿出現日蝕或是彗星。
那女人瞧見一個偉大的奇觀
難以置信：
一匹巨大的帶翼駿馬，
載著一名武裝騎士飛過空中。

　　在詩歌最後，阿斯托爾福[3]卸下鷹馬的鞍具，放走了牠。

1. 意為毫無可能之事。
2. Pietro Micheli
3. Astolfo，查理曼大帝的聖騎士之一。

⇥ 霍奇甘 ⇤
Hochigan

笛卡兒說，如果猴子願意，就能說話，但是牠們決定保持沉默，以免被迫工作。南非的布希曼人相信，曾有一段時間，所有的動物都會說話。霍奇甘討厭動物；有一天牠消失了，也帶走動物說話的能力。

→ 半人馬魚伊克索陶洛斯 ←
ICTIOCENTAUROS

　　呂哥弗隆[1]、克勞狄安,和拜占庭文法家約翰‧茨澤斯[2]曾提過伊克索陶洛斯;其他古典文獻沒有提過牠們。伊克索陶洛斯可以翻譯成半人馬魚(Centauro-Peces);這個詞也用在神話學家所指的特里同半人馬魚(Centauro-Tritones)。牠們的形貌在羅馬和希臘的雕塑中比比皆是。牠們上半身是人,腰部以下是魚,有馬或獅子的前腿。牠們和海馬(Hipocampos)一起,在海中神靈的行列裡都占有一席之地。

1. Licofronte　2. Juan Tzetzes

✦ 日本的神靈 ✦
EL KAMI

根據塞內卡[1]的一段話，米利都的泰利斯[2]教導說，陸地就像浮在水上的船，而被風暴攪動的水會引起地震。八世紀的日本歷史學者或神話學者提出另一種地震系統。

有個著名的頁面上寫著：

> 「在蘆葦叢生的平原底下，躺著一個神靈，它的外形像一條鯰魚，大地隨著它的移動而顫抖，鹿兒島的大神將祂的劍插入地下，刺穿它的頭。當這個神靈開始搖動時，大神就把手放在劍柄上，直到它平靜下來。」
>
> （劍的握柄是石頭雕刻的，露出地面的位置距鹿島神宮只有幾步遠。十八世紀，有位封建領主挖了六天六夜，都還沒挖到劍尖。）

對一般人來說，震心魚（Jinshin-Uwo）或地震魚，是一條七百英里長的鰻魚，把日本背在背上。牠從北往南游；頭在京都之下，尾巴則在青森之下。一些理性主義者允許自己扭轉前述的方向，因為南部地震頻繁，更容易想像成魚尾巴在揮動。在某種程度上，這種生物類似阿拉伯傳說的巴哈姆特和埃達（Edda）[3]裡的巨蛇耶夢加得（Mithgarthsworm）[4]。

某些地區，震心甲蟲（Jinshin-Mushi）在沒有明顯優勢的情況下取代了地震魚。它有一個龍頭，十隻蜘蛛腿，全身覆蓋鱗片。它生活在地下深處，而非海底。

1. Seneca　2. Tales de Mileto
3. 埃達（Edda），西元九至十三世紀，北歐（或斯堪地那維亞）各地民間傳唱的詩體歌謠，內容多與北歐神話有關，在冰島由佚名行吟詩人記錄成文。埃達是兩本書的統稱，為《詩體埃達》與《散文埃達》，其中《詩體埃達》年代較早，又稱作《老埃達》；《散文埃達》又稱《新埃達》或《埃達》。現今的北歐神話揉合了兩本埃達的內容。
4. 即 Jörmungandr 或 Midgard Serpent、World Serpent。

✦ 巨型樹怪胡姆巴巴 ✦
KHUMBABA

巨大的胡姆巴巴長什麼樣子？在巴比倫的《吉爾伽美什》[1]中，牠守護著雪松山，而這破碎的史詩或許是世界上最古老的。喬治·布克哈特[2]試圖重建這怪物（《吉爾伽美什》，威斯巴登，一九五二）；看，以下是擷取的翻譯：

> 「恩奇杜[3]拿斧頭砍倒其中一棵雪松。『是誰進入森林砍掉一棵雪松？』一個洪亮的聲音問。英雄們看見胡姆巴巴走了過來。牠張著獅爪，一身青銅鱗片，腳上有禿鷹的利爪，牠的額頭有一對野牛角，尾巴和生殖器的末端頂著蛇頭。」

在《吉爾伽美什》第九首，蠍男——牠們腰部以上伸入天際，腰部以下沒入地獄——在群山間守衛著太陽升起的大門。

這首史詩刻在十二塊泥版上，與黃道十二宮相對應。

---

1. Gilgamesh，十九世紀中考古學家在尼尼微的亞述巴尼拔國王圖書館陸續挖掘出十二塊刻有楔形文字的泥版，上面記載古代美索不達米亞英雄中最著名的吉爾伽美什的故事，一個抗拒死亡的國王。他可能是西元前三世紀上半葉統治美索不達米亞南部烏魯克（Uruk）的吉爾伽美什，因此他是基什（Kish）統治者阿加（Agga）的同時代人。另外還有五首詩出自西元前二世紀的泥版；這些詩被命名為《吉爾伽美什與胡姆巴巴》、《吉爾伽美什與天堂公牛》、《吉爾伽美什與基什的阿加》、《吉爾伽美什、恩奇杜與冥界》以及《吉爾伽美什之死》。

2. George Burckhardt

3. Enkidu，他是天神安努（Anu）創造出來的人，為了讓他去節制吉爾伽美什的暴政。但他與吉爾伽美什大戰一場後，兩人反結為好友，後來恩奇杜協助吉爾伽美什建功立業，成為受人擁戴的英雄。

→ 海怪克拉肯 ←
EL KRAKEN

克拉肯來自斯堪地那維亞，是一種巨型海龜（zaratán）與阿拉伯海龍或海蛇合體的生物。

一七五二年，丹麥人埃里克·龐托皮丹[1]——卑爾根主教——出版《挪威的自然歷史》[2]，由於他殷勤好客和受人信任，這部作品變得知名；書頁上寫著，克拉肯的背部長一英里半，牠的手臂能包圍最大的船隻。牠的後背像是聳立的島嶼；埃里克·龐托皮丹甚至制定了這個規則：「漂浮的島嶼都是克拉肯。」同時，他寫下克拉肯經常排出一種使海水混濁不清的液體：這句描述讓人猜測克拉肯就是巨型章魚。

丁尼生[3]年輕時的作品中，有一首獻給克拉肯的詩[4]，它字面上的意思是這樣的：

「在雷聲隆隆的水面底下，在海底深淵的縫隙中，克拉肯正沉入古老、靜謐和無夢的睡眠。白亮的水波在牠黑色的輪廓附近搖晃；經過千年生長的大片高聳海綿在牠的上方膨脹，光線黯淡的深處，從隱密的巢穴和美麗的洞窟，無數巨大的章魚揮舞巨大的觸手，攪亂透綠的寧靜海水。牠已經在那裡躺了幾個世紀，在睡眠中，以碩大的海蠕蟲為食，直到最後審判的烈火沸騰深淵。到那時，牠將發出吼叫，浮出水面後斷氣，第一次為人類和天使所見。」

1. Erik Pontoppidan 2. *Versuch einer natürlichen Geschichte Norwegens*
3. Alfred Lord Tennyson 4. *The Kraken*

千眼公牛庫亞塔
KUYATA

　　根據一則伊斯蘭的神話指出，庫亞塔是一頭巨大的公牛，牠有四千隻眼睛、四千個耳朵，四千個脖子，四千個嘴巴、四千個舌頭，和四千條腿。光是一個眼睛動完換到另一個，或從一個耳朵聽完傳到另一個，就足足花上五百年。庫亞塔靠著下面的巨魚巴哈姆特[1]支撐；在公牛背部有一塊紅寶石，紅寶石上面有一個天使，天使上面是我們的世界。

1.請參閱本書〈巨魚巴哈姆特〉。

瘸子伍夫尼克斯
LOS LAMED WUFNIKS

一直以來，世界上有三十六個正義之士，他們的使命是在上帝面前稱義世界。他們叫瘸子伍夫尼克斯。他們互不相識，並且都很窮。如果有人認出他是瘸子伍夫尼克斯，他就會立刻死去，然後世界的其他地區便有另一個人頂替他的空缺。毫無疑問，他們構成了宇宙的祕密支柱。要不是有他們，上帝會毀滅人類。他們是我們人類的救星，自己卻不知道。

馬克斯·布羅德[1]闡述了猶太人的這個神祕信仰。

最早的根源可以在《創世記》第十八章找到，耶和華在那裡宣布，如果所多瑪城中有十個義人，祂就不會毀滅這座城。

阿拉伯人也有一個類似的角色，叫庫特布（Kutb）。

1. Max Brod

✦ 女蛇妖拉彌亞 ✦
LAS LAMIAS

　　根據拉丁和希臘的經典作品，女蛇妖拉彌亞群居非洲。她們腰部以上是美麗的女人；腰部以下是條蛇。有些人將她們定義為女巫；其他人則認為她們是邪惡的怪物。她們不具說話能力，但是口哨聲猶如天籟。她們在沙漠中引誘旅人，再將他們吃掉。她們的起源是神聖的；她們的祖先是宙斯的眾多愛人之一[1]。一六二一年，羅伯特・伯頓[2]在他《憂鬱的解剖》[3]中談到愛的激情，並敘述了一個拉彌亞的故事，她變成人形，並且引誘一個「不亞於她的優雅」的年輕哲學家。她帶他到她位在科林托（Corinto）的宮殿。受邀參加婚禮的魔法師阿波羅尼烏斯[4]，直呼她的名字；頓時，拉彌亞和宮殿消失無蹤。約翰・濟慈[5]（一七九五－一八二一）過世前不久，從伯頓的故事得到靈感，因而創作了一首詩[6]。

---

1. 拉彌亞非常美麗，是海神波塞頓與拉比（Lybie）所生的女兒，利比亞的皇后。後來宙斯發現拉彌亞的美貌，於是兩人偷偷交往。神后赫拉發現後怒不可遏，把拉彌亞所生的孩子擄走並加以殺害，又對拉彌亞施咒，將她變成半人半蛇的怪物。
2. Robert Burton　3. *The Anatomy of Melancholy*
4. Apollonius of Tyana，是位與耶穌差不多同時代的演說家與哲學家。
5. John Keats　6. *Lamia*

✦ 亡魂雷姆雷斯 ✦
LOS LEMURES

　　雷姆雷斯又稱「幼蟲」（larvas）。與保護自己家族的守護神不同，雷姆雷斯，它們是惡人的亡魂，在世界上漫遊，使人們感到恐懼。它們等同看待惡人與義人，都同樣折磨他們。在羅馬確立基督教信仰之前，當地在五月舉辦雷姆雷斯的慶典，這些慶典稱作哀泣節（Lamurias），源自羅穆盧斯[1]為了安撫被斬首的瑞摩斯[2]的亡魂而舉行的節慶。當時一場流行病襲擊羅馬，羅穆盧斯求得神諭，神諭建議一年舉辦一次為期三個夜晚的慶典。這段時間關閉其他神祇的神殿，禁止舉行婚禮。

　　慶典期間，有拿蠶豆扔在墳墓上或焚燒蠶豆的習俗，因為焚燒的煙霧可以嚇跑雷姆雷斯。鼓聲和咒語也能嚇走它們。若是讀者感到好奇，可以參閱奧維德撰寫的《歲時記》[3]。

1. Romulus
2. Remus，是Romulus的孿生兄弟，後來被Romulus殺害。兩人是羅馬城的締造者。
3. *Fastorum*

✦月兔✦
LA LIEBRE LUNAR

　　從月亮的斑點中，英國人相信他們辨出了一個人的輪廓；《仲夏夜之夢》出現兩、三次「月亮上的人」。莎士比亞提到它的一束荊棘或荊棘叢；《地獄篇》第二十首末尾最後幾行，說到該隱和荊棘。托馬索・卡西尼[1]在此處的注釋，引用托斯卡納的寓言，上帝將該隱囚禁在月亮中，在那裡他被判處扛著一綑荊棘直到時間的盡頭。其他人則是在月亮上看到神聖家族（Sagrada Familia），所以盧戈內斯[2]在他的《感傷的月曆》[3]寫下：

這是全部：聖母與聖嬰；在側邊，
是聖約翰（有些人有幸
看到他的權杖）；溫馴的小白驢
在月亮的田野間快跑。

　　然而，中國人稱「月兔」。佛陀在他的前世之一，曾飽受飢餓之苦；一隻野兔為了餵飽他而跳進火裡。佛陀報答牠，將牠的靈魂送到月亮上。在那裡的一棵相思樹下，野兔用一個魔法石臼搗藥，裡面是可以長生不老的藥。在某些地區的流行說法，有「搗藥兔」、「金兔」，或者「玉兔」。

　　據信，一般的野兔可活上千年，老了之後毛髮顏色會轉灰。

1. Tommaso Casini　2. Lugones　3. *Lunario sentimental*

✦ 莉莉絲 ✦
LILITH

「因為在夏娃之前的是莉莉絲。」一篇希伯來文章上寫道。她的傳說激發英國詩人但丁·加百利·羅塞蒂[1]（一八二八一一八八二）的靈感，而譜寫了〈伊甸庭蔭〉[2]這首詩。莉莉絲是一條蛇；她是亞當的第一任妻子，給了他「閃閃發光的兒子和光芒四射的女兒」（glittering sons and radiant daughters）。後來上帝創造夏娃；莉莉絲為了報復亞當的人類妻子，引誘她偷嘗禁果並懷上該隱，也是亞伯的兄長和殺害亞伯的兇手。這就是羅塞蒂所遵循的神話的原型。經過中世紀，受到希伯來語 layil（夜）這個詞的影響，神話改變了。莉莉絲不再是一條蛇，而是夜之靈。有時她是掌管人類繁衍的天使；有時是惡魔，攻擊獨自睡覺或走路的人。在大眾的想像中，她的模樣通常是個高大、沉默的女人，披著一頭鬆散的黑髮。

---

1. Dante Gabriel Rossetti　2. *Eden Bower*

✦ 龜之母 ✦
La Madre de las Tortugas

基督紀元前二十二世紀，賢明君主大禹走遍天下，他用腳步丈量九山、九川、九澤，將土地劃分為宜於美德與農耕的九州。從而征服了威脅要淹沒天地的大水；歷史學家指出，他強加給人類世界的劃分，是由一隻從河中浮出的神龜或天使龜向他揭示的。有人確信，這隻爬行動物是龜之母，是水與火生成的；其他人聲稱該生物是一種不太常見的物質：構成射手座的星光。在牠的龜背上有一本宇宙論，名為《洪範》（大憲），或者是顯現其背上，由白點與黑點組成的九宮圖。

對中國人來說，天空是半球形，大地為四方形；出於這個原因，他們將龜視為宇宙的圖像或模型。此外，龜和宇宙一樣長壽；很自然的將牠們包括在靈性動物（伴隨麒麟、龍、鳳凰和老虎）裡，占卜者在牠們的龜殼中尋找預兆。

「丹甲」（Than-Qui）是這隻將《洪範》獻給大禹的龜的名字。

→ 曼德拉草 ←
La Mandrágora

　　和波拉梅茲植物羊[1]一樣，被稱為曼德拉草的植物也與動物界接壤，因為牠被連根拔起時會發出尖叫；聽到這聲尖叫的人會精神失常（《羅密歐與茱麗葉》，IV, 3）。畢達哥拉斯稱牠為「擬人」（antropomorfa）；拉丁農學家盧修斯‧科魯邁拉[2]稱牠是「半人」（semi-homo）；還有大阿爾伯特[3]曾寫下，曼德拉草像人一樣區分性別。在此之前，老普林尼說過白色曼德拉草是雄性，黑色是雌性。他也說，採摘牠的人要用劍在外圍畫三個圈，並看向西方。葉子的氣味非常濃烈，一旦聞到，很容易被這種氣味驚呆。想拔牠，等於冒著可怕的風險；猶太歷史學家弗拉維奧‧約瑟夫斯[4]在他的最後著作《猶太戰史》中，建議我們使用訓練有素的狗。一旦植株被連根拔起，牠動物的部分便會死去，但葉子可用於麻醉、魔法和通便。

　　據稱曼德拉草的假想人形暗示了那些迷信的人，以為這些植物長在絞刑架下。布朗的《世俗謬論》（一六四六）說到被絞死的人的脂肪；通俗小說家漢斯‧海因茨‧尤爾斯[5]的小說《艾羅妮》（*Alraune*，一九一三）提到來自被絞死者的精液。曼德拉草，德文是 Alraune；在此之前這個詞是 Alruna；此詞源於 runa，是「神祕」、「神祕的東西」之意，後來它被應用在第一個日耳曼字母表的字符。

　　《創世記》第三十章十四節，有一個關於曼德拉草生殖特性的奇怪參考[6]。十二世紀，一位《塔木德》的日耳曼猶太注釋者寫下這段：

「有一種繩子從地裡的根部伸出來，繩子繫在肚臍上，像南瓜或甜瓜一樣，牠是一種叫亞都阿（Yadu'a）的動物，不過亞都阿在各方面都像人：臉、身體、手和腳。只要繩子可以到達的範圍，牠會連根拔起並摧毀所有的一切。必須有人用箭射斷繩子，牠才會死。」

醫生迪奧斯科里德[7]將曼德拉草與妖媚的女人（la circea），或咯兒珂的藥草（hierba de Circe）聯繫在一起，我們可以在《奧德賽》第十卷讀到這段話：

「那根呈黑色，花色如奶液。有死的凡人很難將它從土裡拔起，但諸神是萬能的。」

1. 請參閱本書〈波拉梅茲植物羊〉。
2. Lucius Columell　3. Albertus Magnus
4. Titus Flavius Josephus　5. Hanns Heinz Ewers
6.「割麥子的時候，呂便往田裡去，尋見風茄，拿來給他母親利亞。拉結對利亞說：『請你把你兒子的風茄給我些。』利亞說：『你奪了我的丈夫還算小事嗎？你又要奪我兒子的風茄嗎？』拉結說：『為你兒子的風茄，今夜他可以與你同寢。』到了晚上，雅各從田裡回來，利亞出來迎接他，說：『你要與我同寢，因為我實在用我兒子的風茄把你雇下了。』那一夜，雅各就與她同寢。神應允了利亞，她就懷孕，給雅各生了第五個兒子。」（風茄即曼德拉草、曼陀羅。在當地曼德拉草有愛情果之稱，相信食其果會催情，易懷孕。）
7. Pedanius Dioscorides，生活於西元一世紀，古羅馬時期的希臘醫生與藥理學家，曾被羅馬軍隊聘為軍醫。其希臘文代表作《藥物論》在之後的一千五百多年中成為藥理學的主要教材，並成為現代植物術語的重要來源。

✦ 蠍尾獅 ✦
EL MANTÍCORA

老普林尼（《博物志》，VIII, 30）指出，阿爾塔薛西斯二世的希臘醫生克特西亞斯曾說：

> 「衣索比亞有一種叫蠍尾獅的動物；牠有三排像梳子一樣密的牙齒，人的臉孔和耳朵，藍色的眼睛，緋紅的獅身，尾巴尾端有像蠍子的螫刺。牠跑得飛快，非常喜愛人肉；牠的聲音聽起來類似笛子和小號和鳴。」

福樓拜改進此一描述，在《聖安東尼的誘惑》最後幾頁寫道：

> 蠍尾獅（巨大的紅獅，人臉，有三排牙齒）：
> 「我猩紅毛髮的虹光與大沙漠的反射混在一起。我用鼻孔吹出孤獨的恐懼。我吐出瘟疫。我吞噬軍隊，當他們冒險進入沙漠時。」
> 「我的爪子扭曲的像鑽頭，我的牙齒形狀像鋸子；我旋轉的尾巴上布滿飛鏢，我投向右邊，向左，向前，向後。看哪！看哪！」
> 蠍尾獅拋出牠的尾刺，如箭一樣往四面八方輻射。血滴落下，濺在樹葉上。

↠ 牛頭人米諾陶洛斯 ↞
EL MINOTAURO

建造一座讓人在裡面迷路的房子，可能比想像出一個擁有公牛頭的人更不尋常，然而這兩個想法互相加強，迷宮的形象與米諾陶洛斯的形象相得益彰：在一座怪異房子的中央住著一個怪異的人是非常合適的。

米諾陶洛斯一半是人一半是牛，牠是克里特王后帕西菲[1]與一頭由海神波賽頓[2]從大海變出的白色公牛，所生下的愛情結晶。工匠代達洛斯[3]製作出一種讓此激情得以完成的設備，建造的迷宮則注定要囚禁和隱藏他們怪物般的兒子。米諾陶洛斯吃人；為了牠的食物，克里特國王要雅典每年進貢七名少年和七名少女。特休斯[4]為拯救國家免除可怕的進貢，自願前往作為獻祭。國王的女兒阿里阿德涅[5]給他一卷線，以免他在走廊裡迷路；這位英雄殺死了米諾陶洛斯，並走出迷宮。

奧維德試圖用詼諧的五步格詩句，說一個「半牛的人和半人的牛」；但丁通曉古人的話語，但不熟悉古人的錢幣和紀念碑，他描繪了一個擁有人頭牛身的米諾陶洛斯（《地獄篇》，XII, 1-30）。

對公牛和雙頭斧（其名稱為labrys，後來可能演變為laberinto〔迷宮〕）的崇拜，是前希臘[6]宗教的典型，他們舉行神聖的鬥牛。從壁畫判斷，在克里特惡魔學中，有公牛頭的人物形象。米諾陶洛斯的希臘神話，很可能是古老神話的遲到且笨拙的版本，其他更可怕的夢的陰影。

1. Pasiphae，她是女巫喀兒珂的姊妹，美狄亞是她的姪女。帕西菲也對藥草有深刻的了解。後來她與克里特國王米諾斯（Minos）結婚，並為他生下許多兒女。但因冒犯海神波賽頓，在波賽頓的要求下，愛情女神阿芙蘿黛蒂（Aphrodite）對她施予詛咒，讓帕西菲對國王最好的公牛產生慾望。代達洛斯為她建造一頭用牛皮包裹的木牛，她隱藏在裝置內與公牛結合。

2. Poseidon

3. Daedalus，是智慧女神雅典娜的兒子。替克里特島的國王米諾斯建造一座路線設計非常巧妙的迷宮，用來關住米諾陶洛斯。但國王擔心迷宮的祕密走漏，於是下令將代達洛斯和他的兒子伊卡洛斯（Icarus）關進迷宮裡的塔樓，以防他們逃脫。但是當伊卡洛斯與代達洛斯使用蠟造的翼逃離克里特島時，伊卡洛斯飛得太高，雙翼遭太陽熔化而跌落海中喪生。

4. Theseus　5. Ariadne

6. 在希臘文化或古典希臘文化興起之前。

✦ 蟻獅 ✦
EL MIRMECOLEÓN

　　蟻獅是一種不可思議的動物，由福樓拜定義如下：「從前面看是獅子，後面看是螞蟻，其生殖器官在倒反的位置。」這個怪物的歷史很奇怪。聖經中寫道：「老獅子因缺乏獵物而死。」[1]（《約伯記》，IV, 11）

　　希伯來的文本用 layish 這個詞來翻譯獅子，這個異乎尋常的詞需要一個同樣異乎尋常的翻譯；七十士[2]記得埃里亞努斯[3]和史特拉波[4]稱為 myrmex 的一頭阿拉伯獅子，他們創造出mirmecoleón 這個詞。

　　幾個世紀過後，這個推導丟失了。在希臘文中，myrmex 的意思是螞蟻（hormiga）；人們從這個神祕的句子「El león-hormiga perece por falta de presa」（「獅子—螞蟻」因缺乏獵物而死）裡，產生了一種幻想，中世紀的動物寓言更進一步傳播此種幻想：

　　　「博物學家[5]說到這種『獅子—螞蟻』；父親有獅子外貌，母親有螞蟻外貌；父親吃肉，母親吃草。而牠們產下了『獅子—螞蟻』，牠是兩者的混合物，與兩者相似，因為牠的前半部是獅子，後半部是螞蟻。因此，牠既不能像父親那樣吃肉，也無法像母親那樣吃草；結果只有死亡一途。」

1. 和合本譯為「老獅子因絕食而死」。

2. 七十（或七十二）位猶太學者，他們將希伯來聖經翻譯成當時通行的希臘文，此譯本稱為「七十士譯本」。

3. Claudius Aelianus　4. Strabo

5. 此處並不是我們以為的類似老普林尼這樣的博物學家，應是寫作中世紀動物道德寓言的作者。英譯本在此翻譯為 *Physiologus*《博物學者》這本書。請參閱本書〈巨型海怪法斯提托倫〉的注釋。

→ 獨眼巨人 ←
Los Monóculos

在成為器具名稱[1]之前，monóculo 指的是只有一個眼睛的人，因此十七世紀初，貢戈拉[2]在一首十四行詩提及「Monóculos galán de Gajatea」（渴望葛拉蒂的獨眼巨人）。當然，這裡指的是波利菲莫斯[3]，貢戈拉之前在《寓言》[4]中提過同樣的角色：

他的四肢高聳如山
這是海神兇猛的兒子，
一隻眼睛點亮了他額頭這個世界，
猶如最偉大的明星；
獨眼巨人，最勇敢的松樹
都輕易臣服，成為他的木杖，
有如蘆葦支撐龐然大物，
一天，它是木杖，第二天，它是彎曲的手杖[5]。

烏黑的頭髮，如波浪起伏
那是遺忘河[6]黑暗的水流，
強風梳理他的髮
他的髮絲狂亂，凌亂垂掛；
迅猛的鬍鬚像洪流
這，庇里牛斯山的暴躁兒子[7]，
水淹沒他的胸膛，或太遲，或太糟，或徒勞，
仍然被他的手指撫過[8]……

這些詩句誇大且削弱了《艾尼亞斯記》第三卷中的其他詩句（昆體良[9]稱讚），而反過來，《艾尼亞斯記》又誇大和削弱了《奧德賽》第九卷中的其他詩句。這種文學衰落對應著詩歌信仰的衰落；維吉爾想用他的波利菲莫斯給人留下深刻印象，但他自己幾乎不相信它，而貢戈拉只相信言詞——詞語的花樣或詞語的生成[10]。

獨眼巨人庫克洛普斯[11]族，並不是唯一一個只有一隻眼睛的種族；老普林尼（VII, 2）提到過獨眼人阿里馬斯皮[12]：

「只有一隻眼睛的人身分高貴，而這隻眼睛長在額頭中央。他們活在和有翅膀的獅鷲永無休止的戰爭中，為的是搶奪牠們從地底深處提取的黃金，獅鷲並以和阿里馬斯皮不相上下的貪婪來捍衛黃金。」

五百年前，第一位百科全書學者希羅多德寫下：

「在北方，歐洲的黃金似乎非常豐富，但是我不知道它在哪裡，或者從哪裡開採。據說是獨眼人阿里馬斯皮從獅鷲那裡偷來的；但是這個寓言太粗糙了，讓人無法相信世界上存在這樣一種人，他們的臉上只有一隻眼睛，其餘部分則跟普通人一樣。」（III, 116）

1. 單片眼鏡。

2. Góngora

3. Polyphemus。《奧德賽》中，歷經特洛伊十年戰爭的奧德修斯，於返家途中停泊獨眼巨人聚居的西西里島，他帶著十二個希臘人為尋找補給來到一個巨大的洞穴，那裡正是波利菲莫斯的巢穴。波利菲莫斯回洞後發現奧德修斯一群人，立刻用巨石堵住洞口，隨後摔死並吞食了其中幾個人。

4. *Fábula*

5. 松樹無法承受波利菲莫斯的重量，第二天松樹彎折了。

6. Lethe，希臘神話中的河流，冥界五條河之一。亡者抵達冥界會被要求喝下遺忘河的河水，以忘卻塵世。後來遺忘河被人格化，成為遺忘女神麗息。

7. 據說牧羊人的篝火引發一場大火，大火蔓延到庇里牛斯山脈，並產生了熔融金屬的河流。這裡將波利菲莫斯比喻成庇里牛斯山，頭髮、鬍鬚有如遺忘河和熔岩河，從獨眼巨人身上下降，就像庇里牛斯山脈。

8. 指他試圖用手梳理胸前如洪流的鬍鬚，但鬍鬚混亂，怎麼梳理都是徒勞。

9. Quintilianus

10. 從原文詩句每行的最後一個詞，可稍見端倪。

Un monte era de miembros eminente
Este que, de Neptuno hijo fiero,
De un ojo ilustra el orbe de su frente,
Emulo casi del mayor lucero;
Cíclope, a quien el pino más valiente
Bastón, le obedecía, tan ligero,
Y al grave peso junco tan delgado,
Que un día era bastón y otro cayado.

Negro el cabello, imitador undoso
De las obscuras aguas del Leteo,
Al viento que lo peina procelos
Vuela sin orden, pende sin aseo;
Un torrente es su barba impetüoso
Que, adusto hijo de este Pirineo,
Su pecho inunda, o tarde, o mal o en vano
Surcada aún de los dedos de su mano...

11. Cyclops，即上述波利菲莫斯的種族。

12. Arimaspi

⇥ 墨水猴 ⇤
EL MONO DE LA TINTA

「這種動物在北方很常見，約四、五吋長；牠們被賦予不尋常的本能；牠們的眼睛如紅玉髓，毛髮烏黑如絲且柔軟如枕頭。牠們嗜吃墨汁，總在人們寫字時雙手交疊盤腿而坐，等到人們寫完，牠飲盡剩餘的墨汁。之後，牠再次蹲下，恢復平靜。」

王大海（Wang Tai-hai）

一七九一

❖ 阿克隆 ❖

EL MONSTRUO AQUERONTE

　　只有一個人看過阿克隆，而且只看過一次；該事件發生在十二世紀的科克城[1]。故事原是用愛爾蘭文寫的，後來丟失了，但是一位雷根斯堡[2]的本篤會修士將它譯為拉丁文，後來譯本幾經轉譯成多種語文，其中包括瑞典文和西班牙文。至於拉丁文版本的手抄稿還剩五十幾份。這個版本稱為「突納多爾版本」（*Visio Tundali*），被認為是但丁詩歌的來源之一。

　　我們先從 Aqueronte 這個詞開始。在《奧德賽》第十卷中，這是一條從地獄流出的河流，穿過可居住土地的西方邊界。河的名字在《艾尼亞斯記》、盧坎的《法爾薩利亞》，和奧維德的《變形記》中迴蕩。但丁把河的名字記錄在詩句中：

　　在哀傷的阿克隆河岸

　　它在一則傳說中化身為遭受懲罰的巨人；後來在另一則傳說，把河流的位置放在離南極不遠的地方，在對蹠地的星座之下。伊特拉斯坎（Etruscos）[3]人有教導占卜的「末日之書」（libros fatales），以及教導肉體死後靈魂之道的「死者之書」（libros aquerónticos）。隨著時間推移，Aqueronte 這個詞意味著「地獄」。

　　突納多爾（Tundal）是一位年輕的愛爾蘭貴族，既有教養又勇敢，但舉止並非無可指責。他在一位女性朋友家中病倒，只剩下胸口還有一點餘溫，整整三天三夜大家都認為他死了。當他恢復意識，他說他的守護天使向他展示了冥界。在他看到的

眾多奇蹟中，現在讓我們感興趣的是阿克隆。

　　這個怪物比山還大。牠的眼睛噴出火焰，嘴巴大到可以容納九千個人。兩個被定罪的人，像柱子或男像柱（atlantes）一樣，撐開怪物的下巴，一個直立，一個倒立。牠的三個喉嚨直通體內，吐出不滅之火。從怪物的肚子裡，傳來無數被吞食的受詛咒者的悲泣。魔鬼告訴突納多爾，這個怪物叫阿克隆。此時守護天使消失，突納多爾跟其他人一起被拖走。在怪物體內，他發現自己處於淚水、牙齒顫抖聲、火焰、難以忍受的灼燒、冰凍的冷、狗、熊、獅子和蛇之中。在這個傳說裡，地獄是一種動物，裡面還有其他動物。

　　一七五八年，伊曼紐・史威登堡寫下：「我沒有被允許看到地獄的大致形狀，但有人告訴我，就像天堂有人的形態一樣，地獄也有惡魔的形態。」

1. Cork　2. Regensburg
3. 伊特拉斯坎人曾在義大利半島建立興盛的文明，主要活動範圍在亞平寧平原，西元前六世紀到達巔峰；在習俗，文化和建築等諸多方面對古羅馬文明產生深遠的影響。

✦ 納迦 ✦
Los Nagas

納迦出於印度神話。牠們是蛇，但往往呈現人形。

在《摩訶婆羅多》其中一卷裡，一個納迦族國王之女優樓比（Ulupi）追求阿周納（Arjuna），但他想要宣誓他的貞節誓言；少女提醒他，他的責任是解救不幸的人；於是英雄答應與她共度一夜。在菩提樹[1]下沉思冥想的佛陀，飽受風吹雨打；一個慈悲的納迦圍著他繞了七圈後，將牠的七個頭鋪在佛陀上面好似屋頂一樣。佛陀轉化牠皈依他的信仰。

克恩[2]在他的《印度佛教手冊》[3]中將納迦定義為像雲一樣的蛇。牠們居住在地下深邃的宮殿裡。大乘宗派指出，佛陀對人說一法，對諸神說另一法，而且這個法——深奧的——被保存在蛇的天宮中，幾個世紀後，它們被交給僧侶龍樹。

這裡有個傳說，是法顯於五世紀初到印度取經時收集的：

> 「阿育王來到一個湖邊，湖邊有一座塔。他想要拆掉它好蓋另一座更高的塔。一位婆羅門邀他進入塔內，一到裡面，便對他說：
>
> 『我的人形是幻象；我其實是個納迦，是一條龍。我犯下的過錯讓我不得不住在這具可怕的軀體中，但是我遵守佛陀規定的律法，希望能自我救贖。如果你認為能蓋一座更好的聖所，可以推倒這一座。』
>
> 「他向阿育王展示祭器。國王警覺的看著，因為它們與人類的工藝太不相同了，於是他打消念頭。」

1. 原文用 higuera（無花果樹），因菩提樹為無花果屬。
2. H. Kern 　3. *Manual of Indian Buddhism*

✦ 內斯納斯人 ✦
EL NESNÁS

　　《誘惑》（*Tentación*）[1]這本書的怪物囊括內斯納斯人，牠們「只有一隻眼睛，半邊臉、一隻手、一條腿、半邊身體，以及半顆心臟。」注釋者尚克勞德・馬格林[2]寫道，這是福樓拜對牠們的想像，但是萊恩的《一千零一夜》（一八三九）第一卷將牠們歸為人類跟惡魔打交道的後代。內斯納斯人——這就是萊恩的描述——是「半個人；牠有半邊頭，半邊身體，一條手臂和一條腿；跳躍的動作非常靈活」。且住在哈得拉姆（Hadramaut）和葉門（Yemen）的荒郊曠野。牠能清楚說話；牠們如同無頭人（Blemies），有些人臉孔在胸前，有一條羊尾巴；牠的肉很可口，頗受追捧。在中國邊界的拉伊島（Raij，也許是婆羅洲）上有大量的各種帶著蝙蝠翅膀的內斯納斯人；「但是」——這位充滿懷疑的敘述者補充說——「真主無所不知。」

---

1. 指福樓拜的散文詩 *La Tentation de saint Antoine*（聖安東尼的誘惑）。
2. Jean-Claude Margolin

→ 水精靈寧芙 ←
LAS NINFAS

　　帕拉塞爾蘇斯認為它們只居住在水域，但是古人把它們分為水寧芙和陸寧芙。後者中有一些是森林的主神。護樹寧芙哈瑪德律阿德斯[1]住在樹上，與樹木同生共死；據信，其他寧芙都是永生不死，或者能活上數千年。住在海中的寧芙叫娥西妮妲斯[2]或涅蕾伊妲斯[3]；住在河中的叫娜雅妲斯[4]。它們確切的數量不明；赫西俄德大膽說是三千。它們是莊重且美麗的少女；看見它們可能會導致瘋狂，如果看見它們的裸體，只有死路一條。詩人普羅佩提烏斯[5]如此說明。

　　古人用蜂蜜、油和牛奶供奉它們。它們是小神，所以沒有建造頌揚它們的神廟。

1. Hamadryads，這個名字意味著「哈瑪德律阿斯的女兒們」，因此共有八位。
2. Oceanids　3. Nereids　4. Naiads　5. Propertius

❖ 諾倫三女神 ❖
LAS NORNAS

　　在斯堪地那維亞人的中世紀神話中，諾倫女神就是命運女神[1]。十三世紀初，斯諾里·斯蒂德呂松[2]將那些散亂的神話重新梳理，並告訴我們主女神有三個，她們的名字是「過去」、「現在」和「未來」。這種說法，似乎是神學上的精鍊或添加；古日耳曼人並不傾向這類抽象概念。斯諾里讓我們看到三位少女在泉水旁的一棵世界樹（Yggdrasill）[3]下。她們無情的編織著我們的命運。

　　隨著時間（創造這些生物的物質）流逝，她們慢慢的被遺忘，但一六〇六年，莎士比亞寫下悲劇《馬克白》，她們出現在第一幕裡。她們是三個女巫，向戰士預言正等待著他們的命運。莎士比亞稱呼她們為「weird sisters」[4]，「致命的姊妹」，命運女神。在盎格魯撒克遜人中，威爾德（Wyrd）是主宰眾神與凡人的沉默之神。

1. Parcae，為複數形式，命運的女性化身。
2. Snorri Sturluson
3. 又稱為「宇宙樹」，在北歐神話中，這棵巨木的枝幹構成了整個世界。
4.《馬克白》中，馬克白以 weird sisters 稱呼在荒野遇見的三女巫，這並無不敬之意。weird sisters 原指神話中的命運三女神，相當於希臘、羅馬神話裡的 Fates 及北歐神話裡的 Norns；而 weird 的古英文是 wyrd，原就是「命運」之意。weird 原為名詞，經莎士比亞這麼一用，此後便轉為形容詞，有 having power to control fate（能控制命運）之意。至於它的今義「怪異的」，則是十九世紀受雪萊和濟慈等詩人和作家的使用而流行起來的。

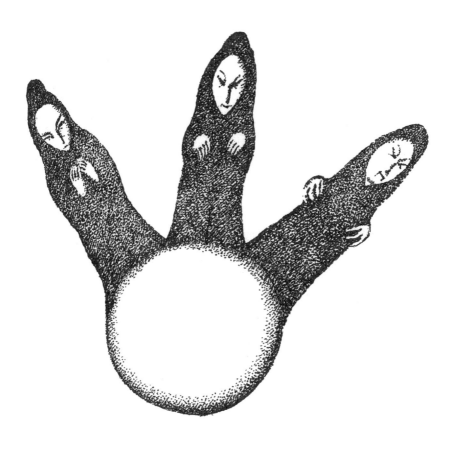

⇢ 八岐大蛇 ⇠
LA ÓCTUPLE SERPIENTE

　　高志的八岐大蛇在日本的宇宙起源神話中顯得極其殘暴。牠有八顆頭和八個尾巴，睜著深櫻桃紅的眼睛，背上長著松樹和苔蘚，額上矗立冷杉。當牠爬行時，身體覆蓋八座山谷和八座山峰；牠的腹部總是血跡斑斑。牠在七年內吃掉一個國王的七個女兒，正準備要吃那個叫奇稻田姬的小女兒。一位叫建速須佐之男命的神拯救了她。這位武士建造一座大型圓形柵欄，裡面有八個平臺。在每個平臺上放置一個酒桶，裡面注滿米酒。八岐大蛇來了，把每顆頭伸進每個酒桶貪婪的喝著，沒多久就睡著了。這時建速須佐之男命斬下牠的八顆頭。大量鮮血從傷口湧出來，流成一條血河。在蛇尾發現有一把寶劍，至今還供奉在熱田神宮內。這些事情發生的地點從前叫靈蛇山，現在叫八雲山；在日本，八是神聖數字，意味著「很多」[1]。日本的紙幣依然紀念大蛇之死。

　　可有可無的補充，這位救人的英雄後來娶了被救的少女，就像柏修斯娶安朵美達。

　　美國作家波斯特・惠勒[2]在《日本的宇宙起源和神學》(*The Sacred Scriptures of the Japanese*，紐約，一九五二) 中，記錄了類似的神話，勒納九頭蛇[3]、法涅爾巨蟒[4]、埃及女神哈索爾[5]，一位神用血紅顏色的啤酒灌醉她[6]，讓人類免遭殲滅。

1. 日本《古事記》和《日本書紀》中，有大八島、八尋殿、八咫烏、八十建等，三大神器——八咫鏡、八十握劍、八阪瓊勾玉，都有「八」。據說，漢字「八」字形上小下大，對日本人來說意味著繁榮昌盛。

2. Post Wheeler

3. 請參閱本書〈勒納九頭蛇〉。

4. Fafnir　5. Hatho

6. 女神對人類進行殺戮，拉（Ra）以摻了紅石榴的酒澆灌大地，女神誤以為是血，因此飲得大醉，終止了暴行。

❧ 奧德拉德克 [1] ❧
ODRADEK

「有人說『奧德拉德克』一詞是從斯拉夫語衍生而來的，並試圖在這個基礎上解釋它。其他人認為是從德語來的，僅受斯拉夫語影響。兩種解釋的不確定性，正是它們都是錯誤的最好證明；此外，兩種解釋都沒有給我們這個詞的詞義。

「如果一個叫奧德拉德克的生物並不存在，當然不會有人浪費時間去做研究。牠的外表像一個扁平的星形線軸，而牠看起來確實像纏繞著線，但牠是由一截截、老舊的、打結的、纏繞在一起的，不同種類和顏色的線所組成。牠不只是個線軸；有一根細木桿從星形的中央伸出來，和另一根垂直的木桿連接。透過另一側也有垂直的木桿，和從另一側的星形中央伸出的細木桿相接，這整個東西就像是有兩條腿可以站著一樣。

「人們會很想相信，牠的構造曾經針對某種功能，現在只是一個破碎的殘餘物。然而，似乎並非如此；至少沒有任何相關的線索；牠全身上下看不到修補或破損的痕跡；整體看似無用，卻又以牠的方式呈現完整。其他的我們無可奉告，因為奧德拉德克動作出奇靈活，從不讓人抓到。

「牠可能出現在天花板，在樓梯間的空隙，在走廊上，在玄關。有時一連好幾個月都不見蹤影。牠溜到鄰居屋裡，但是總會回到我們家。非常多次，當有人走出門，看見牠在樓梯平臺上休息時，都想跟牠說話。當然不是問牠什麼艱深的問題，而是待牠像個孩子──牠矮小的體型讓我們如此。人們會問的是：『你叫什麼名字？』牠回答：『奧德拉德克』『你住哪裡？』

『地址不確定。』牠邊說邊笑，但是那是一種背後沒有肺的空洞笑聲，聽起來像枯葉沙沙作響。通常對話到這裡結束。你並不總能得到這些答案；有時牠會沉默許久，像木頭一樣，而牠本來就像木頭做的。

「我徒勞的自問，牠的命運將如何。牠會死嗎？任何死去的東西都曾有過某種目標，某種活動，因而都被消耗掉了；但這不符合奧德拉德克。牠會不會在我的孩子跟我的孩子的孩子腳前拖著線頭走下樓梯？牠不會傷害任何人，但是一想到牠可能活得比我久，這對我來說幾乎是痛苦的。」

卡夫卡

1. 原注：原篇名是〈一家之主的憂慮〉（*Die Sorge des Hausvaters*）。

✦知雨鳥商羊✦
EL PÁJARO QUE CAUSA LA LLUVIA

　　除了龍，中國農夫祈雨的對象，還有一種叫「商羊」的鳥。牠只有一隻腳；古時候，孩子會單腳跳，皺著眉頭，用肯定的語氣說：「要下雨了，因為商羊在跳舞。」這其實是指牠喝了河水後，讓它落在土地上。

　　一位古時智者曾馴服這種鳥，把牠放在袖子裡帶著。史書記載，有一次，牠出現在齊侯寶座前，前後跳躍、撲打翅膀。齊侯驚慌失措，派一位大臣到魯國請教孔子。孔子預言商羊將在當地和鄰近區域造成洪災。他建議修建堤防和運河。齊侯聽從夫子的警告，避開了大禍。

豹
La Pantera

　　在中世紀的動物寓言中，「豹」這個字指的是一種特殊的動物，與當代動物學的「肉食性哺乳動物」截然不同。亞里斯多德曾提到，牠的氣味會吸引其他動物；埃里亞努斯——一位拉丁作家，因其對希臘語的透徹掌握而被暱稱為「蜜舌」——宣稱男人也覺得這種氣味聞起來令人愉悅（在這個特性中，有些人猜測與果子狸有所混淆）。老普林尼描述牠的背部有一塊圓形斑點，會隨著月亮的變化而增減。除了這些不可思議的特點，聖經的七十士希臘文譯本用「豹」這個字取代一個可能是指耶穌的地方（《何西阿書》，VI, 14）。

　　盎格魯撒克遜的動物寓言集《埃克塞特書》[1]提及，豹是一種孤獨而溫順的動物，有著悅耳的嗓音，芬芳的氣息。牠棲息在山間隱密處。牠的唯一死敵是龍，與牠爭鬥不斷。牠一睡就睡上三天三夜，當牠甦醒時會唱歌，引來許多人和動物從鄉野、城堡和城市擁向牠的洞穴，被牠的香氣和音樂所吸引。龍是宿敵，惡魔；甦醒是主的復活；群眾是信徒的共同體，豹是耶穌。

　　為了減輕這個寓言帶來的驚奇，讓我們記住，對撒克遜人來說，豹不是兇猛的野獸，而是一種異國情調的聲音，以不太具體的形象為後盾。值得一提的是，艾略特[2]的詩〈小老頭〉[3]提到「基督老虎」（Christ the Tiger）。

　　李奧納多·達文西寫下這段描述：

「非洲豹就像一頭母獅，但是四肢比較長，身體更精巧。牠一身白毛，並點綴著玫瑰花結般的黑點。牠的美麗使動物們感到高興，若不是因為牠可怕的凝視，應該會在牠附近徘徊不去。豹知道這一點，因此垂下雙眼；動物靠近牠享受這種美麗，牠就捉住離牠最近的一個，並吞噬牠。」

1. *Código de Exeter*，約十世紀成書，內容為詩歌，是英國四大手抄本之一。
2. Eliot　3. *Gerontion*

✦ 鵜鶘 ✦

EL PELÍCANO

　　動物學常見的鵜鶘是一種水鳥，雙翼展開達兩公尺，嘴喙很長很寬，下顎有個袋狀的淡紅色薄囊，可以儲存漁獲；寓言中的那個鵜鶘體型更小，嘴喙又短又尖。前者有一身白羽毛；後者是黃羽毛，有時也有綠羽毛的。比起外表，牠們的習性更不尋常。

　　母鳥用嘴喙和爪子愛撫雛鳥，如此虔誠，以致害死了牠們。三天後父鳥返巢；絕望的發現幼雛都死了，便啄開自己的胸膛。從牠的傷口流出的鮮血使牠們復活……。動物寓言是這麼說的，雖然聖耶柔米[1]在對《詩篇》一百零二篇的評論中（「我如同曠野的鵜鶘，我好像荒場的鴞鳥」），將幼雛的死歸諸於蛇。鵜鶘啄開胸膛以自己的鮮血餵食幼雛，才是這個寓言的常見版本。

　　賦予死者生命的鮮血，暗示了聖體聖事和十字架，因此《天堂篇》的一著名詩句（XXV, 113）稱耶穌基督為「我們的鵜鶘」。拉丁評論家本韋努托·德伊莫拉[2]解釋：「祂被稱為鵜鶘，是因為祂剖開身體的一側來拯救我們，就像鵜鶘以胸膛的鮮血救活幼雛。鵜鶘是一種埃及的鳥。」

　　鵜鶘的形象在教會的紋章中很常見，至今在聖爵上仍然看得到。李奧納多·達文西的動物寓言這樣描述鵜鶘：

> 「牠深深愛著牠的孩子，當牠發現巢裡的幼雛被蛇咬死，便撕裂了自己的胸膛，用牠的血沐浴牠們，使牠們復活。」

1. St. Jerome，教會史上最偉大的聖經學者，早期拉丁教父中最博學的人，將希臘文的《聖經七十士譯本》，譯成通俗拉丁文的《聖經武加大譯本》，被羅馬教會接受為標準譯本。

2. Benvenuto de Imola

⇥ 綠毛怪拉弗爾泰[1] ⇤
LA PELUDA DE LA FERTE-BERNARD

　　雲斯訥河（Huisne）是一條平靜的河流，中世紀時，可在河畔見到毛怪（la velue）[2]徘徊的身影。這種動物可能在大洪水期間，沒登上方舟卻仍倖存了下來。牠有公牛大小；長著蛇頭，球狀的身體覆蓋綠色的毛髮，帶有能致死的毒針。牠的腳掌很寬，跟烏龜的類似；尾巴呈蛇形，能夠殺死人類和動物。當牠發怒時，會噴出火焰，摧毀莊稼。到了晚上，牠洗劫馬廄。每當農夫追上來，牠就躲進雲斯訥河中，造成氾濫，淹沒整片區域。

　　牠喜歡生吞天真的少女和小孩。牠挑中了一個最賢慧的少女，叫葛蒂麗塔（l'agnelle〔小羊羔〕）[3]。有一天，牠捉走葛蒂麗塔，將她拖到雲斯訥河床上，撕得血淋淋和支離破碎。受害少女的未婚夫用劍斬斷毛怪的尾巴，也就是牠唯一的弱點。毛怪當場死亡。人們將毛怪的屍體防腐處裡，並打鼓、吹笛和舞蹈，來慶祝牠的死。

1.原注：拉弗爾泰（La Ferte）是位於雲斯訥河畔的法國城市。
2. la velue是法文，與西班牙文的peluda，都是「毛茸茸」的意思。
3. 葛蒂麗塔為 Corderita 的發音，與義大利文 l'agnelle 意思相同，在此故事中皆是「羊羔」（小羊）之意。在聖經和合本「羊羔」與「羔羊」在使用上有所區別，與獻祭有關時多用羊羔；而新約聖經中意指耶穌時都使用羔羊一詞。

✥ 鹿鷹獸 ✥
EL PERITIO

　　厄利垂亞[1]的女先知（sibila）可能曾在一則神諭中聲稱羅馬將毀於鹿鷹獸。

　　當這些神諭在紀元後的六四二年消失（它們被意外燒毀）時，負責修復的人遺漏了這個預言，因此沒有跡象表明現在可以在哪裡找到它。

　　面對如此晦暗的起源，有必要找到一個能對這種特殊生物提供更多資料的源頭。因此，經歷一千零一次的困難後，人們得知一位十六世紀來自菲斯[2]的拉比（當然是亞倫－本－柴姆[3]），出版過一本關於神奇動物的小冊子，裡面談起他曾讀過的一本阿拉伯作家的著作，著作中提到奧瑪（Omar）燒毀亞歷山卓圖書館時丟失了一篇有關鹿鷹獸的文字。儘管拉比沒寫出阿拉伯作家的名字，但他有一個愉快的想法，抄錄了該書中的一些段落，給我們留下對鹿鷹獸的珍貴參考。在沒有更多素材的情況下，明智的做法是限制自己逐字謄寫這些段落；牠們來了：

　　「鹿鷹獸棲息在亞特蘭提斯，半鹿半鳥。牠們有鹿頭和鹿蹄。至於身體，牠是一隻標準的鳥，因此有相應的翅膀和羽毛。」

　　「牠們驚人的獨特之處在於，當陽光照射在牠們身上時，牠們沒有投射出牠們的身影，而是投射出人的影子，有人因此得出結論，認為鹿鷹獸是那些遠離眾神保護的情況下

而死去的人的靈魂。」

「……據傳曾有人發現牠們在吃乾土……牠們成群結隊，高高飛在海克力士之柱[4]的上空。」

「……牠們是人類可怕的敵人。似乎，當牠們每殺死一個人時，牠們的影子就會再次變成鹿鷹獸的身影，從而贏回神明的眷顧……」

「……那些與大西庇阿[5]一起渡海攻打迦太基的人，他們的努力幾乎是失敗的，因為在征途中出現一小群鹿鷹獸，牠們殺死許多人……儘管我們的武器在鹿鷹獸面前無能為力，然而每個鹿鷹獸只能殺死一個人。」

「……牠們在手下敗將的鮮血中翻滾，然後逃向高空。」

「……幾年前，有人在拉溫納[6]看過牠們，據說牠們的羽毛是天藍色的，這讓我很驚訝，因為我所讀過的都寫牠是一種非常深的綠色。」

即使前面的段落已經足夠明確，但令人遺憾的是，目前還沒有其他關於鹿鷹獸的可靠資料。

我們從中獲得這些描述的拉比的小冊子，上次世界大戰前存放在慕尼黑大學。說來真讓人痛苦，今天那個文件也消失了，不知道是由於轟炸，還是納粹的傑作。

如果後者是它丟失的原因，希望它最終會出現在世界上的某座圖書館裡。

1. Eritrea   2. Fez   3. Aaron-Ben-Chaim
4. 指直布羅陀海峽兩岸邊聳立的海岬。

5. Scipio   6. Ravenna

⇥ 侏儒俾格米人 ⇤
LOS PIGMEOS

　　古人認為，這個侏儒國位於印度斯坦或衣索比亞的邊境。有些作家斷定他們用蛋殼蓋房子。其他人，如亞里斯多德，曾寫過他們住在地底洞穴。為了收割小麥，他們帶著斧頭，就像砍伐森林一樣。他們騎的是適合他們體型的羔羊和山羊。他們每年都遭到來自俄羅斯平原的鶴群襲擊。

　　俾格米同時也是某個神祇的名字，迦太基人將其臉孔刻在戰船的船首，用於嚇阻敵人。

✦ 噴火怪物奇美拉 ✦
LA QUIMERA

　　第一次提到奇美拉的書是在《伊利亞德》第六卷。書中寫著，牠有神的血統，前半身是獅子，中間是山羊，後半身是蛇；嘴巴噴吐火焰。正如眾神預言的那樣，牠被格勞科斯之子俊美的貝勒羅豐[1]殺死。獅頭、山羊肚和蛇尾巴，是荷馬所傳達的形象，但赫西俄德的《神譜》將牠描述成三顆頭，這就是著名的阿雷佐[2]青銅器上描繪的模樣，其歷史可追溯到五世紀。

　　《艾尼亞斯記》第六卷中再度出現「噴火的奇美拉」；注釋者莫魯斯·塞爾維烏斯[3]觀察到，根據所有權威人士的說法，這種怪物最初來自呂基亞（Licia）的一座火山，以牠的名字命名。火山的山腳下有蛇大量出沒，山坡上是草地和山羊，山頂噴著火焰，有獅子的巢穴；那麼，奇美拉可能是那座奇特的山的隱喻。在此之前，普魯塔克曾提出奇美拉是一個海盜船長的名字，他的船畫著一頭獅子、一隻山羊以及一條蛇。

　　從這些荒謬的假設證明，奇美拉已經讓人厭煩了，將牠轉化成別的東西比想像牠來得容易。牠的異質性太大；獅子、山羊和蛇（某些文本中是龍）都不願輕易形成一個單一的動物。隨著時間過去，「奇美拉」（Quimera）逐漸趨向於「空想」（Lo quimérico）；拉伯雷[4]有個著名的笑話（「在虛空中搖搖晃晃的奇美拉，可以吃掉第二意涵」〔Si una quimera, bamboleándose en el vacío, puede comer segundas intenciones〕[5]）也許是分水嶺。拼湊的圖像消失了，這個詞仍然存在，泛指不可能的事。「荒謬的想法」、「虛妄的想像」，是詞典現在給奇美拉的定義。

1. Bellerophon　2. Arezzo，義大利地名。　3. Maurus Servius　4. Rabelais
5. 這句話本為拉丁文「utrum chimera in vacuo bombinans possit comedere secundas intentes...」，是拉伯雷諷刺當時好爭論微妙的學術語言。中世紀常用「奇美拉」和「虛空」來指涉「空名」（即沒有指代任何東西的名字）。第二意涵（secundas intentiones）是，舉例來說，人這個字在「人是會死的」陳述中是第一意涵，在「人是一個物種」中是第二意涵，所以第二意涵是用來表述理解的對象。

↣ 吸盤魚雷摩拉 ↢

RÉMORA

雷摩拉（Rémora），在拉丁文中是「延遲」（demora）的意思。這詞的嚴格涵義被比喻性的應用於吸盤魚（echeneis），因為據說牠具有緊緊抓住一艘船的力量。這個順序在西班牙文中被顛倒了；雷摩拉，首先的意義是魚，比喻性的意義是障礙。雷摩拉是一種灰色的魚；牠的頭頸部有個橢圓的盤，這種軟骨盤像個大吸盤一樣，以真空方式吸附在其他海洋生物身上。老普林尼這麼描述牠的力量：

> 「有一種魚叫雷摩拉，經常穿梭於石頭之間，牠吸附在船的龍骨上時，會阻礙船的前進，而牠的名字正源於此，然而，也可將牠用在阻止、掩蓋審判和訴訟這類臭名昭彰的巫術上。但牠用善來緩和那些罪惡，因牠能將嬰兒留在子宮裡，直到出生。這種魚味道不好，也不是因為美食而受歡迎。亞里斯多德認為這種魚有腳，因為牠身上眾多鱗片的排列方式，看起來非常像……特雷比烏斯‧尼日爾[1]說這種魚大約一個腳掌長，五根手指那麼厚，牠能使船停住，此外，把牠放進鹽裡保存，好處是能用來吸附掉入井裡的黃金，無論井有多深[2]。」

從拖住船隻的想法，到停止訴訟的想法，再到把孩子留在子宮的想法，看著都覺得很奇怪。

在別的地方，老普林尼提到一隻雷摩拉決定了羅馬帝國的

命運，在亞克興戰役[3]中，牠使馬克‧安東尼巡視艦隊的帆船停下來，另一隻雷摩拉阻止了卡利古拉[4]的船，任憑四百名槳手再怎麼使盡力氣也沒用。「狂風襲來，暴雨肆虐，」老普林尼驚呼，「但雷摩拉治住它的怒氣，令船隻停在半途，這是最重的錨和纜繩都無從辦到的事。」

　　「最強大的力量並不總是獲勝。一隻小雷摩拉就能阻止一艘船的航程。」狄耶戈‧德薩維德拉‧法哈爾多[5]也這麼說過[6]。

1. Trebius Niger
2. 原注：傑洛尼莫‧戈梅茲‧德威塔（Jerónimo Gómez de la Huerta）一六〇四年的版本。
3. Bellum Actiacum
4. Caligula，羅馬第三任皇帝，著名的暴君。另一位暴君尼祿，是他的外甥。
5. Diego de Saavedra Fajardo
6. 原注：《政治任務》（*Empresas Políticas*）。

✦ C・S・路易斯想像的爬行動物 ✦
Un Reptil Soñado por C.S.Lewis

　　緩緩的，顫抖著，一個人形以不自然和非人的動作，爬到洞穴的地板上，身體在火光的映照下染成緋紅色。那是個非人[1]；拖著斷腿，像屍體一樣下顎是懸著的，牠站了起來。然後，在牠後面不遠，有另一具身體從洞穴中出現。首先是一種樹枝狀的東西，接著出現六、七個光點，聚集在一起像星座；然後是一個管狀物，上面反射著紅光，像被拋光過一樣。只見樹枝狀的東西突然變成細長的金屬絲觸手，有殼覆蓋的頭上許多隻眼睛透出光點，緊接著是有如圓柱的粗糙身體，他的心猛然一跳。可怕的有稜有角的東西接踵而至，多個關節的腿，終於，當他以為整個身體都已經在視線範圍內時，後面卻還有另一具身體，而且第二具身體後面還接著另外一具。那個生物分為三個部分，只由一種像黃蜂的腰部結構連接起來，這三個部分似乎沒有對齊，看起來像是被踩過一樣；那是一個顫抖的、巨大的、百尺長的畸形，躺在非人的旁邊一動也不動，兩個巨大影子同時投射在岩壁上，共同構成威脅……

C・S・路易斯
《皮爾蘭德拉星》，一九四九

---

1. Un-man

⚜ 火王與他的馬 ⚜
Un Rey de Fuego y su Caballo

　　赫拉克利特[1]教導說，最初的元素是火，但這與想像由火構成的存在不同，這些存在是由瞬間和變化的火焰中雕刻出來的。威廉‧莫里斯[2]在《世俗的天堂》[3]（一八六八—一八七〇）系列故事〈獻給維納斯的指環〉[4]中，嘗試了這個幾乎不可能的構想。詩句是這樣的：

> 「那些惡魔之主是偉大的王，頭戴王冠手持皮盾。他的容顏如同白焰閃耀，鋒利、清晰宛如石面；但那是轉化的火焰而非肉體，交織著欲望、仇恨和恐懼。他的坐騎巨大無比；那既不是馬，也不是龍，更非鷹馬，看起來像、又不像那些野獸，更像夢中不斷變化的形體。」

　　或許前述的內容有受到《失樂園》（II, 666-73）故意模稜兩可的把「死亡」（la Muerte）擬人化的影響。頭部似乎戴著王冠，身體與他投射在他周圍的陰影融為一體。

1. Herakleitus　2. William Morris　3. *The Earthly Paradise*
4. *The Ring Given to Venus*

✦火蠑螈✦
La Salamandra

　　牠不只是一條活在火中的小龍，牠也是（如果西班牙皇家學院辭典沒有錯）「一種皮膚光滑的食蟲兩棲動物，深黑色，帶有對稱的黃色斑點」。在牠的兩個表徵中，最著名的是神話般的那一個，所以應該沒有人會對牠被列入本書而感到驚訝。

　　老普林尼在《博物志》第十卷中宣稱，蠑螈相當冰冷，拿牠輕輕一碰就能熄滅火焰；在第二十一卷中他重新思索，並懷疑的觀察到，如果火蠑螈真有魔法師賦予的這種美德，牠就會被用來滅火了[1]。第十一卷中他談到一種有翅膀的四足動物，蛾龍（Pyrausta），棲息在賽普勒斯鑄鐵廠的火中；如果牠飛到空中並前進一小段距離，就會立即死掉。後來的火蠑螈神話，融入了這種被遺忘的動物的神話。

　　神學家聲稱，鳳凰證實肉體能死而復生；火蠑螈，是肉體可以生活在火中的例證。聖奧古斯丁《上帝之城》[2]第二十一卷中，有一章為〈如果肉身能在火中永生〉，開頭如下：

　　「我能提供什麼證據讓不信的人相信，人的身體充滿精氣和活力，不僅永遠不會隨著死亡消散和消融，而且還能經受住永恆火焰的折磨？他們不喜歡我們把這個奇蹟歸於全能者的無所不能，他們懇求我們拿出例子來證明它。我們回答，確實有些會腐爛的動物，因為牠們是會死的，然而，牠們生活在火中。」

詩人也訴諸火蝾螈和鳳凰作為誇張的修辭手法。因此，奎維多[3]在《西班牙詩選》[4]第四卷的十四行詩中，「唱出愛與美的壯舉」：

　　我在火熱裡化作鳳凰
　　火焰中，我復活，我更新
　　我嘗到烈火陽剛之氣
　　它是父親，擁有子孫。

　　冰冷的火蝾螈，否認
　　已知的知識，我敢為牠辯護
　　在火災裡，我飲火止渴，
　　我的心活在火中，感覺不到燃燒……

　　十二世紀中葉，一封由萬王之王的祭司王約翰寫給拜占庭皇帝的偽信，在歐洲各國流傳。這封書信是蒐集奇事的目錄，裡面談到挖掘金子的巨蟻，一條石頭河，一片住著活魚的沙海，一面高聳的鏡子可以看見國境內發生的任何事情，一把祖母綠雕刻的權杖，以及可以隱形或照亮黑夜的鵝卵石。其中一段文字寫道：「我們的領地有一種叫火蝾螈的蟲。火蝾螈生活在火中，能結繭，宮女纏繞成絲，可以拿來織布和做衣服。她們把織物扔進火裡洗滌和清潔。」

老普林尼（XIX, 4）和馬可波羅（I, 39），都提過這種要以火來清潔的防火帆布和織物。後者澄清：「火蠑螈是一種材質，不是動物。」起先，沒有人相信他的話；那些以石棉製造的織物被當作火蠑螈的皮販售，正是火蠑螈確實存在的鐵證。

　　本韋努托・切利尼[5]在他的《人生》[6]其中一頁說，他五歲時在火中看到了一隻像是蜥蜴的小動物。他把這件事告訴父親。後者告訴他那動物叫火蠑螈，並揍了他一頓，好讓他將這幅令人欽佩的景象銘刻在記憶裡，因為鮮少有人見過。

　　鍊金術的符號系統中，火蠑螈是火的元素之靈。正是這個象徵，以及西塞羅[7]在《論神性》[8]第一冊為我們保存的亞里斯多德的一個論點裡，我們發現了為什麼人們傾向相信火蠑螈的存在。阿格里根的西西里醫生恩貝多克利[9]提出四種「事物的根」的理論，這四根的結合和分離，在「愛」與「不和諧」的推動下，構成普遍的歷史。沒有死亡；只有「根」的粒子——拉丁人稱之為「元素」——分崩離析。它們分別是火、土、氣和水。它們並非受造物，沒有任何一種比另一種更強大。我們現在知道（我們現在相信自己知道），這個學說是錯誤的，但人們認為它很珍貴，而且普遍相信它是有益的。「這四種元素，構成和維持世界，並仍然存在於詩歌和大眾的想像中，已是一段悠久而輝煌的歷史。」西奧多・岡珀茲[10]寫道。然而，該學說需要四個均等要素。如果有陸地和水中動物，那麼就該有火中動物。為了科學的尊嚴，有火蠑螈是必要的。

在另外一篇文章中，我們將看到亞里斯多德如何構想空氣動物。

李奧納多‧達文西相信，火蠑螈以火為食，牠能夠利用火來幫助蛻皮。

1. 英文版裡有個不同的舉例：《博物志》第二十九卷，「至於魔法師所說的，牠……具有滅火的特性，如果這是真的，牠早就會在羅馬被發現了。」
2. *De Civitate Dei*　3. Quevedo　4. *Parnaso Español*　5. Benvenuto Cellini　6. *Vida*
7. Cicero　8. *De Natura Deorum*　9. Empédocles de Agrigento　10. Theodor Gomperz

✦ 羊男薩堤爾 ✦
LOS SÁTIROS

　　那是希臘人這麼稱呼牠們的；在羅馬，牠們被稱為羊男[1]、潘神[2]以及西爾瓦努斯[3]。從腰以下是山羊；人類的身體、胳膊和臉孔，毛茸茸的。牠們的前額長著小角，有雙尖耳朵，和一個鷹鉤鼻。牠們好色且貪戀杯中物。牠們伴隨酒神巴克斯[4]歡樂的征服印度斯坦。牠們伏擊寧芙；牠們喜歡跳舞，吹笛的技巧高超。農夫崇敬牠們，把第一批收成獻祭給牠們，還宰殺羔羊。

　　傳說，蘇拉[5]的軍團士兵在色薩利的山洞裡捉到一個這種小神，並帶到他跟前。牠發出含糊不清的聲音，又如此醜惡，蘇拉立刻下令將牠送回山中。

　　對薩堤爾的記憶影響了中世紀的魔鬼形象。

---

1. faunus　2. Pan　3. Silvanus　4. Bacchus
5. Sulla，古羅馬將軍。

⋆ 熱生物 ⋆
LOS SERES TÉRMICOS

　　具有遠見卓識的神智學家魯道夫・史坦納[1]經歷過一次啟示，他了解到這顆行星在它成為我們所知的地球前，經歷過一個太陽階段，和更之前的土星階段。現在，人是由物質身、以太體、星光體和自我所組成；在土星轉化階段開始時，人只有一個單獨的物質身。這個身體是不可見的，甚至不是有形的，因為在那個時期，地球上沒有固體、液體或氣體。那時只有熱的狀態，熱量的形式（Formas Térmicas）。各種顏色，定義了宇宙空間中規則和不規則的形狀；每個人，每個存有，都是溫度不斷變化的有機體。根據史坦納所言，土星時代的人類是一個又瞎又聾又難以察覺的冷熱綜合體。「對於研究者來說，熱是一種比氣體更微妙的物質。」我們在他的《奧密科學大綱》（*Die Geheimwissenschaft im Umriss*）中的一頁讀到。在轉化到太陽時代前，火之靈或大天使使這些「人類」的身體充滿活力，這些「人類」的身體開始閃閃發光。

　　魯道夫・史坦納夢見過這些事情嗎？他夢見這一切是因為它們遠在時間的深處發生過嗎？事實上，這比起其他宇宙起源的巨匠造物主（demiurgos）、蛇和公牛，更令人敬畏。

1. Rudolf Steiner

⇥風精靈西爾芙⇤
Los Silfos

　　希臘人將物質分成四種根源或元素，每一種都有相應的精靈。十六世紀瑞士鍊金術士和醫生帕拉塞爾蘇斯的作品中，出現四種元素精靈：地精靈諾姆，水精靈寧芙，火精靈火蠑螈，以及風精靈西爾芙或空氣精靈（silfides）。這些詞起源於希臘文。利特雷[1]在凱爾特語中找過silfos的詞源，但是帕拉塞爾蘇斯極不可能知道甚至懷疑這些語言的存在。

　　現在沒有人相信風精靈西爾芙；但是「西爾芙的身形」（figura de sílfide）依然適用於對苗條女子作一種陳腔濫調的讚美。西爾芙介於物質與非物質存在之間的中間位置，浪漫詩歌和芭蕾舞並沒有忽視它們。

1. Littré

→ 不死鳥西摩格 ←

EL SIMURG

　　西摩格是一種不朽的鳥，在知識之樹（Arbol de la Ciencia）上築巢；伯頓將牠等同於斯堪地那維亞之鷹，根據《散文埃達》記載，牠瞭解許多事物，並在宇宙樹（Arbol Cósmico）的樹枝上築巢，這棵樹被稱為尤克特拉希爾（Yggdrasill）。

　　英國詩人騷塞[1]《毀滅者塔拉巴》[2]（一八〇一），和福樓拜《聖安東尼的誘惑》（一八七四），都提及「Simorg Anka」[3]；福樓拜將牠的地位降低為示巴女王貝爾吉絲（Belkis）的僕人，一隻羽毛泛著橙色燦金光澤的鳥，有人頭、四翼、禿鷹的利爪，和一扇巨大的孔雀尾巴。根據原始資料，西摩格更為重要。菲爾多西[4]在《諸王之書》[5]中編撰伊朗古代傳說並譜寫成詩句，使西摩格成為英雄薩爾（Zal）的養父；十三世紀，法里德·烏丁·阿塔爾[6]將牠提升為神性的象徵。這發生在他的《百鳥朝鳳》[7]中。這首寓言詩約由四千五百聯對句組成，其中的觀點令人好奇。遙遠的鳥中之王西摩格，在中國的中央落下一根絢麗的羽毛；而群鳥受夠了牠們當前混亂的狀態，決定去尋找牠。牠們知道牠們鳥王的名字意謂「三十隻鳥」；牠們也知道牠的王宮在蓋夫（Kaf），那是一座山，或是在環繞地球的環形山脈中。起初有些鳥畏縮了：夜鶯拿牠對玫瑰的愛當藉口；鸚鵡，說牠的美麗是牠寧願生活在籠裡的原因；鷓鴣離不開群山，蒼鷺離不開沼澤，貓頭鷹離不開廢墟。牠們終於展開絕望的冒險；橫越七座山谷或海洋；倒數第二個地方叫「眩暈」（Vértigo）；最後一處叫「滅絕」（Aniquilación）。有許多朝聖的小鳥放棄了；而有些小鳥死在途

中。最後，三十隻鳥，被牠們自己的辛勞所淨化，踏上西摩格居住的山。牠們終於看到牠了：牠們覺察到自己就是西摩格，而西摩格就是牠們中的每一個，也是牠們全部。

宇宙學者阿爾卡茲維尼在《創造的奧妙》中說，西摩格（Simorg Anka）可以活一千七百年，當兒子長大，父親就會點燃柴堆自焚。萊恩指出：「這讓人想起鳳凰的傳說。」

1. Southey　2. *Thalaba the Destroyer*
3. 即西摩格，有好幾種拼法，simurg、simorgh、simorg、simoorg、simorq 或 simourv。Anka 意指「鳳凰」。
4. Firdawsi，波斯文學最重要的詩人。
5. *Shahnameh*，世界上最長的史詩。
6. Farid al-Din Attar，波斯蘇菲派詩人。
7. *Mantiq al-tayr*，字面意思是鳥類會議，或是鳥類的語言。

→海妖賽蓮←
Sirenas

　　隨著時間過去，賽蓮的外貌有所改變。描述牠們的第一位歷史學家，是《奧德賽》第十二卷的史詩吟誦者，他並沒有告訴我們長相如何；對奧維德來說，牠們是帶有淡紅色羽毛和處女臉孔的鳥；對於羅德島的阿波羅尼奧斯來說，牠們上半身是女人，下半身是海鳥；對於大師提爾索‧德莫利納[1]（和紋章學）來說：「牠們一半是女人，一半是魚」。同樣值得商榷的是牠們的性別；蘭普里爾[2]在他的古典辭典裡將牠們理解為水精靈寧芙，奎切哈特[3]的辭典說牠們是怪物，格里馬爾[4]的辭典說牠們是惡魔。牠們住在西邊的一座島嶼，靠近喀兒珂島，但是有一個名叫帕特諾佩（Parténope）的賽蓮，牠的屍體卻在坎帕尼亞[5]被發現，於是以牠的名字命名現在的著名城市那不勒斯（Nápoles），地理學家史特拉波[6]見過牠的墳墓，並目睹了因紀念牠而定期舉行的體操比賽。

　　《奧德賽》講述賽蓮以歌聲引誘水手讓他們發生船難，奧德修斯為了聆聽賽蓮的歌聲又想不喪命，便用蠟塞住槳手的耳朵，並命令他們把他綁在桅杆上。賽蓮用世界上所有事物的知識誘惑戰士。

　　「任何搭乘烏黑的帆船經過這裡的人，都會從我們的嘴裡聽到宛若蜂巢般甜蜜的聲音，並為之欣喜若狂，且見聞更加淵博……因為我們無所不曉：在遼闊的特洛亞[7]，阿爾戈斯人和特洛伊人，按照眾神的意願遭受種種苦難，我們知

道在豐饒的大地上一切會發生的事情。」(《奧德賽》，XII)

神話學者阿波羅多洛斯在他的《書庫》中，有個關於奧菲斯的傳說，他在阿爾戈英雄的船上唱得比賽蓮更甜美，敵不過的賽蓮紛紛投海變成岩石，因為當牠們的魔咒失效，牠們的命運就是死。同樣的，獅身人面怪物斯芬克斯在謎語被解開後，從高處一躍而下。

六世紀，有一個賽蓮在威爾斯北部被捕捉並受洗，某些古老的年曆中，牠被視作聖女，名為莫根（Murgen）。另一個賽蓮，一四〇三年穿過堤壩的裂口，牠一直住在哈倫（Haarlem）直到去世。沒有人能懂牠說的話，但是他們教牠紡紗，而牠本能的敬拜十字架。一個十六世紀的編年史家推斷牠不是魚，因為牠知道如何紡紗，牠不是女人，因為牠能生活在水中。

英文把古典的賽蓮和有魚尾巴的美人魚（mermadis）區分開來。在形成後者的形象時，可能受到了海神波賽頓的使者特里同[8]的影響。

《理想國》第十卷中，八個賽蓮主宰著八個同心圓天體的運轉。

賽蓮：「一種想像的海洋動物。」我們在一本非常坦率的詞典裡讀到。

1. Tirso de Molina　2. Lemprière　3. Quicherat　4. Grimal　5. Campania
6. Strabo　7. Troad，在土耳其安那托利亞境內。
8. Triton，海中神祇，通常表現為人魚，上半身是人，下半身為魚尾。

✦哭獸史寬克✦
EL SQUONK (*LACRIMACORPUS DISSOLVENS*)[1]

　　史寬克分布的範圍非常有限。賓夕法尼亞州以外，鮮少有人聽過牠，儘管據說牠在該州的鐵杉林中很常見。史寬克個性膽怯，通常在黃昏時分現蹤。牠不合身的皮膚，覆滿疣和痣；最善於判斷的人認為，牠是動物中最病態的。要追蹤牠很容易，因為牠不停的哭，並留下淚痕。當牠走投無路時，或當牠受到驚嚇或害怕時，會化作一灘淚水。捕史寬克的獵手選在寒冷的月夜最能成功，此時牠不愛移動，而且眼淚流下的速度很慢；牠們的哭聲從黑暗的鐵杉林樹枝下傳出來。

　　「溫特林先生（J.P. Wentling）來自賓夕法尼亞州，目前住在明尼蘇達州的聖安東尼帕克，他曾在蒙奧多（Monte Alto）附近和史寬克有過一次悲慘經驗。他模仿史寬克的哭聲，誘使牠鑽進一個袋子裡，帶牠回家的途中，突然袋子的重量變輕，哭聲停止了。溫特林打開袋子；裡面只剩下淚水和泡沫。」

威廉·考克斯[2]，《伐木場可怕的生物》[3]
華盛頓，一九一〇

---

1. 史寬克的拉丁文學名。Lacrimacorpus，淚體；dissolvens，溶解。
2. William T. Cox　　3. *Fearsome Creatures of the Lumberwoods*

金屬巨人塔洛斯

TALOS

　　由金屬或石頭製成的生物，構成了一種令人震驚的奇幻動物學物種。我們可能還記得，傑森[1]在美狄亞[2]的魔法幫助下，將噴火的憤怒青銅公牛套上犁；孔迪亞克的那個被賦予人類心靈的大理石雕像[3]；在《一千零一夜》中，小船上的銅人，胸前掛著鉛牌，上面刻有名字和咒符，它救起也拋下了第三個乞丐[4]，也就是擊倒磁石山騎士的國王之子；威廉・布萊克的神話中有個女神，為一個男人用絲網捕捉「溫和的銀色或狂暴的金色」[5]女孩；戰神艾瑞斯[6]的乳母是一群金屬鳥；而塔洛斯是克里特島的守護者[7]。有些人宣稱它是火神伏爾坎[8]或者代達洛斯的傑作；羅德島的阿波羅尼奧斯在《阿爾戈英雄記》[9]中提到，它是青銅族最後一個倖存者。

　　塔洛斯一天環繞克里特島三遍，對企圖下船登陸的人投擲巨石。燒得通紅的它，一抱住人類就能殺死他們。它唯一的弱點是腳跟；在女巫美狄亞的指導下，卡斯特爾[10]與波呂克斯[11]——狄俄斯庫里[12]——殺死了它。

1. 即伊阿宋（Easun），也有人以英文發音譯為Jason。他號召眾英雄登上阿爾戈號前往尋找金羊毛。

2. Medea，魔法強大的女巫，也是伊阿宋的妻子。美狄亞居住的島嶼科爾喀斯（Colchis）即為金羊毛的所在地。伊阿宋一登島便擄獲美狄亞的芳心。

3. 請參閱本書〈兩種形而上動物〉。

4. 第三個乞丐是該故事的敘述者，他原為國王之子，因種種變故後來淪為乞丐。故事裡，王子在逃亡途中忍不住開口讚美阿拉，而遭銅人報復。故事出自〈第十五夜〉。

5. 出自布萊克詩作〈阿爾比恩的女兒們的異象〉（*Visions of the. Daughters of Albion*），金色銀色指的是她們的皮膚。

6. Ares

7. 原注：在系列中我們可以再加入一種役畜：迅捷的野豬古林博斯帝（Gullin-bursti），牠名字的意思是「有金毛的」，也被稱為斯利卓格丹尼（Slidrugtanni），意思是「長著危險獠牙的」。神話學者保羅·赫爾曼（Paul Hermann）寫道：「這種活體鍛造，出自熟練的矮人的鍛爐；這些矮人把一張豬皮扔進火裡，取出來的是一隻金豬，能穿行於陸地、水裡和空中。不管夜有多深，金豬所在之處都有足夠的光線。」古林博斯帝拉著斯堪地那維亞繁衍和生育能力之神弗雷（Freyr）的戰車。

8. Vulcan　9. *Argonautica*　10. Castor　11. Pollux

12. Dioscuri，是卡斯特爾和波呂克斯這對孿生兄弟的合稱，他們的母親是斯巴達王后麗達。美女麗達被化身為天鵝的宙斯引誘，後來生下兩個蛋，每個蛋變成兩個小孩。第一個蛋中的波呂克斯和海倫是宙斯的孩子，另一個蛋裡的卡斯特爾和克呂泰涅斯特拉（Clytemnestra）則是麗達和丈夫斯巴達國王的孩子。海倫後來與特洛伊王子帕里斯私奔，開啟長達十年的特洛伊戰爭。克呂泰涅斯特拉則嫁給邁錫尼王阿伽門農，即後來攻打特洛伊的聯軍統帥；待戰爭結束阿伽門農返國，克呂泰涅斯特拉與情夫設計殺死阿伽門農，以報戰爭初始阿伽門農殺長女祭神的仇恨。

✦ 饕餮 ✦
EL T'AO-T'IEH

詩人和神話都忽略了牠；但我們所有人，都曾在某個時候，在柱頂的一角或簷壁飾帶的中央發現牠的存在，並感到輕微的不快。替三頭巨人革律翁[1]看守牛群的狗，牠有兩個頭一個身體，海克力士適時殺死了牠；饕餮則是相反，而且更可怕，牠有個巨大的頭，右邊一個身體，左邊另一個身體。牠常見的模樣有六條腿，因為前面兩條腿要用來支撐兩個身體。臉可以是龍、虎，或是人；藝術史學家稱之為「食人魔面具」。牠是一個形式的怪物，來自雕塑家、陶工、陶藝家著魔般的執著於對稱性的想像。基督紀元前一千四百年，商朝時期，牠已出現在青銅禮器上。

饕餮意味「饞嘴」。中國人把牠繪製在餐具上，以教人飲食有度。

1. Geryon

✦安南之虎✦
LOS TIGRES DEL ANNAM

對安南人來說，老虎或老虎化身的精怪，主宰空間的方位。

紅虎主南（位於地圖的頂部）；對應的是夏天和火。

黑虎主北；對應冬天和水。

藍虎主東；對應春天和植物。

白虎主西；對應秋天和金屬。

在這些大虎之上還有另一隻虎，黃虎，統治其他老虎，牠居於中央，因為皇帝在中國的中央，而中國又在世界的中央。（這就是為什麼他們稱之為中央帝國；因此，十六世紀末耶穌會的利瑪竇神父，繪製用於指導中國人的世界地圖，中國占據了地圖的中心）。

老子交付五虎與惡魔作戰的使命。有個由路易斯‧喬‧喬德[1]譯成法文的安南祈禱文，虔誠懇求老虎勢不可擋的軍隊的幫助。這種迷信源自中國；漢學家講到一隻白虎，主宰西方星辰的偏遠地區。在南方，中國人設一隻紅鳥；在東方，一隻青龍；在北方，一隻黑龜。[2]正如所見，安南人保留顏色，但是統一動物的種類。

印度斯坦中部的比爾人（Bhils）相信老虎有地獄；馬來人知道叢林中央有一座城市，人骨橫梁、人皮牆、人髮屋簷，由老虎建造和居住。

---

1. Louis Cho Chod
2. 我們習用的名稱，各是白虎、朱雀、青龍、玄武。

✦巨魔✦
LOS TROLLS

　　在英國，女武神瓦爾基麗[1]被降級到村莊並墮落成為女巫；在斯堪地那維亞各國，居住約頓海姆[2]並與雷神索爾[3]戰鬥的古老神話中的巨人，已淪為鄉野粗俗的巨魔。《老埃達》[4]開頭所講述的宇宙起源中，那上面寫著，在諸神黃昏之日，巨人將攀爬比弗羅斯特[5]——彩虹橋——並使之破碎，且聯合狼與蛇毀滅世界；民間的迷信裡，巨魔是邪惡而愚蠢的精靈，它們住在山洞，或破舊的小屋裡。其中最聰明的有兩個或三個頭。

　　亨利克・易卜生[6]的韻文劇《培爾・金特》[7]（一八六七）替它們打下名聲；易卜生認為它們首先是民族主義者；它們認為，或盡力認為它們製作的可怕飲料很美味，以及它們的洞穴就是宮殿。為了不讓培爾・金特看到他所在之處的骯髒，它們提議挖掉他的雙眼。

1. Valkyrie
2. Jotunheim，北歐神話中有九個世界，巨人的國度約頓海姆是其中之一。其他八個為迷霧世界（Niflheim），火之國（Muspelheim），阿薩神域（Asgard），中土（Midgard），華納神之家（Vanaheim），光精靈之家（Alfheim），矮人之家（Svartalfheim），不光彩的死者之家（Helheim）。這九個世界由巨大的世界樹（Yggdrasil）所構成。
3. Thor
4. 也稱《詩體埃達》（*Poetic Edda*），年代比《散文埃達》更早。
5. Bifrost，燃燒的彩虹橋，連接北歐神話九個世界裡的中土（Midgard）和阿薩神域（Asgard）。
6. Henrik Ibsen　7. *Peer Gynt*

→ 獨角獸 ←
EL UNICORNIO

　　第一個版本和最後幾個版本的獨角獸幾乎相同。基督紀元前四百年，阿契美尼德王朝阿爾塔薛西斯二世的希臘醫生克特西亞斯指出，在印度斯坦各王國有速度極快的野驢，白毛，紫頭，藍眼，額上長有一隻尖角，角底部為白色，尖端為紅色，中間的部分是黑色。老普林尼補充了其他細節（VIII, 31）：

> 「有人在印度獵捕另一種野獸：獨角獸，身體像馬，頭
> 像鹿，四肢與大象相似，尾巴像野豬。牠的哞叫聲音低沉；
> 一隻長長的黑色角從前額中間升起。據說這種動物不肯被
> 活捉。」

　　一八九二年左右，東方學家施拉德[1]認為，希臘人對獨角獸的想像，可能受到某些波斯淺浮雕的暗示，這些淺浮雕描繪的是公牛的側面，只有一隻角。

　　塞維亞的聖依西多祿寫於七世紀初的《詞源》說道：「獨角獸的角往往能殺死大象；這讓人想起辛巴達第二次航海[2]的途中，卡卡丹（Karkadann〔犀牛〕）也有類似的勝利。獨角獸的另一個勁敵是獅子，錯綜複雜的史詩《仙后》[3]第二冊裡有一段八行詩，保留了牠們的戰鬥方式。獅子靠在樹上；獨角獸低著額頭衝向牠；獅子退到一旁，獨角獸一頭釘在樹幹上。這是十六世紀的第八份資料；十八世紀初，英格蘭王國與蘇格蘭王國合併，而大不列顛的盾牌徽章上，英格蘭豹（獅子）與蘇格蘭獨

角獸在相互對抗。

　　中世紀，動物寓言教導說獨角獸可以被女孩捉住；《希臘博物學者》[4]一書寫道：「他們是如何捉住牠的。他們把一個處女放在牠前面，牠跳到女孩的膝上，女孩用愛撫慰牠，把牠帶到國王的宮殿。」畢薩內洛[5]的一枚銅章和其他許多知名的掛毯，都描繪這種勝利，其寓言的應用廣為人知。獨角獸代表聖靈、耶穌基督、水銀和邪惡。榮格的《心理學與鍊金術》[6]（蘇黎士，一九四四）講述這些故事並分析其中的象徵意義。

　　一匹白馬長著羚羊的後腿，山羊鬍，前額有一隻長長的、扭曲的角，是這種奇幻動物的典型。

　　李奧納多・達文西認為獨角獸之所以被捕獲，是由於牠的慾念；趴在少女的膝上，這讓牠忘記了兇猛，就這樣被獵人捉住了。

1. Schrader
2. 原注：辛巴達告訴我們，犀牛的角一分為二，顯現出一個人形；波斯宇宙學者阿爾卡茲維尼說是馬背上的人的形狀，還有其他人則說是鳥和魚。
3. *The Faerie Queene* 4. *Physiologus Graecus* 5. Pisanello 6. *Psychologie und Alchemie*

→ 中國獨角獸 ←
EL UNICORNIO CHINO

　　中國的獨角獸，麒麟，為四大瑞獸之一：其他三種是龍、鳳凰和龜。麒麟為四足動物之首；有著鹿身、牛尾和馬蹄；角長在額頭上，是肉質的；背部的皮毛五彩混雜；腹部呈褐色或黃色。牠不踩在綠草上，不傷害任何生物。牠的現身預示某個賢王即將誕生。若是傷害牠或發現牠的屍體，皆為不祥之兆。牠的自然壽命有一千年。

　　孔子的母親懷胎時，五星君帶來一隻動物，「牛形，龍鱗，額上有角」。這是蘇慧廉[1]所記述的，屬報喜性質；尉禮賢[2]收集到另一個變體的版本，說牠獨自出現，吐出玉書，上面寫著：「山晶之子（亦即水之精華），當王朝沒落時，你將以無冕王的身分統治。」[3]

　　七十年後，有獵人殺死麒麟，牠的角上還留有孔子母親當初繫上去的絲帶。孔子見到麒麟後哭了，因為他感受到那隻無辜而神祕的動物之死預示著什麼，也因為那條絲帶有著他的過去。

　　十三世紀時，成吉思汗率騎兵入侵印度，部隊前哨在沙漠中遠遠看見一隻動物，「形似鹿，前額有一角，綠毛」，動物出來迎接他們，並對他們說：「是時候讓你的主人返回他自己的土地了。」成吉思汗諮詢眾臣，有位漢臣解釋說，這隻動物叫角端，是麒麟的一種。他們的大軍已在西域征戰四年；上天受夠了不斷流出的人血，於是送來這個警告。皇帝隨即打消戰爭計畫。

基督紀元前二十二世紀，舜的一位法官有隻「獨角山羊」，牠不攻擊無辜者，而是去衝撞有罪者。

馬古列[4]的《中國文學精選集》[5]（一九四九）中，有一段神祕且委婉的寓言，是九世紀一位散文作家的作品[6]：

> 「人們普遍認為獨角獸是吉祥靈物；詩歌、編年史、名人傳記，和其他權威無庸置疑的文章都這麼說。甚至村裡孩童和婦女都知道獨角獸會帶來好兆頭。但這種動物不是家畜，並非那麼容易找到，也不適合分類。牠不像馬或牛，狼或鹿。在這樣的情況下，即使站在獨角獸面前，也難以確定牠是獨角獸。我們知道有鬃毛的動物是馬，有角的動物是牛。但我們不知道獨角獸應該是什麼樣子。」

1. Soothill，漢學家，英國在華傳教士。
2. Richard Wilhelm，德國漢學家、傳教士。
3. 這段故事應是出於晉代王嘉《拾遺記》。「孔子生，有麟吐玉書於闕里人家，文云：『水精之子，繼商周而素王出。故蒼龍繞室，五星降庭。』徵在賢明，知為神異，乃以繡紱系麟角而去。夫子系（繼）殷湯，水德而素王，至敬王之末，魯定公二十四年，魯人鉏商田于大澤，得麟以示夫子，知命之終，乃抱麟解紱而涕泗焉。」
4. Margoulies　5. *Anthologie raisonnée de la littérature chinoise*
6. 指唐代韓愈的作品〈獲麟解〉。「麟之為靈，昭昭也。詠於《詩》，書於《春秋》，雜出於傳記百家之書，雖婦人小子皆知其為祥也。然麟之為物，不畜於家，不恆有於天下。其為形也不類，非若馬牛犬豕豺狼麋鹿然。然則雖有麟，不可知其為麟也。角者吾知其為牛，鬣者吾知其為馬，犬豕豺狼麋鹿，吾知其為犬豕豺狼麋鹿。惟麟也，不可知。」

☀衔尾蛇欧洛波洛斯☀
EL UROBOROS

　　在今日，大洋只是一片海或是一系列的海所組成的系統；對希臘人來說，大洋是環繞大地的一條環狀河流。所有的水都從大洋流出，它沒有出口，也沒有源頭。它也是神祇或泰坦巨人，或許是最古老的，因為《伊利亞德》第十四卷中的睡眠之神說，大洋為眾神的起源；赫西俄德的《神譜》稱大洋是全世界所有河流之父，總共有三千條河，其中最重要的是阿非歐斯河[1]和尼羅河。一個長鬚飄逸的老人是它典型的化身；幾個世紀後，人類想出一個更好的象徵。

　　赫拉克利特曾說，在圓周上，起點與終點是同一個點。大英博物館保存一個西元三世紀的希臘護身符，為我們提供了最能說明這種無限循環的圖像：咬住自己尾巴的蛇，或者，正如馬丁尼茲·埃斯特拉達[2]所說的那樣，「從尾巴的末端開始。」歐洛波洛斯（吞噬尾巴的那個東西），是這個怪物的專有名稱，後來被煉金術士大肆使用。

　　牠最著名的出場是在斯堪地那維亞的宇宙起源裡。《散文埃達》或《新埃達》記載，洛基[3]生出一隻狼和一條蛇。有一則神諭警告諸神，這兩個生物將成為大地的禍根。那隻狼叫芬里爾（Fenrir），被一條用六種想像之物鍛造的鎖鏈給拴住：貓的腳步聲、女人的鬍子、岩石的根、熊的肌腱、魚的呼吸、鳥的唾沫。蛇叫耶夢加得，「被扔進環繞整個大地的海洋中，牠在海洋中長大，現在牠也環繞大地和咬住尾巴。」

　　在巨人之地約頓海姆，烏特迦－洛奇[4]向雷神索爾挑戰舉

起一隻貓；雷神用盡全力，只把貓的一條腿抬離地面；這隻貓就是那條蛇。索爾被魔法的藝術給騙了。

　　當諸神的黃昏到來時，蛇將吞噬大地；狼將吞噬太陽。

1. Alpheios，在希臘境內。
2. Martínez Estrada，阿根廷作家。
3. Loki，屬巨人族，與阿薩神族的主神奧丁為結拜兄弟。他引發諸神的黃昏，也是他提供終止的方法。
4. Utgarda-Loki，字面的意思是「外域的洛奇」，他與前述的 Loki 不同人，但也是個巨人，是約頓海姆的外域厄特加爾（Utgardar）的統治者。

⇥女武神瓦爾基麗⇤
LAS VALQUIRIAS

　　瓦爾基麗，在原始日耳曼語言中，意思是「挑選死者的人」。盎格魯撒克遜人有一則針對神經痛的咒語，用以下的方式描述它們，而不直接命名：

　　　當它們騎馬奔馳於高空，那聲響震耳欲聾，沒錯，震耳欲聾。
　　　當它們騎馬奔馳在大地，那態度多麼堅決。
　　　強大的女人們……

　　我們不知道德國人或奧地利人如何想像它們；在斯堪地那維亞神話裡，它們是全副武裝的美麗處女。它們的人數通常是三位。

　　它們挑選戰鬥中的死者，將他們的靈魂帶到奧丁華麗的天堂，那裡的屋頂是金子做的，那裡的光亮來自劍光，而非燈光。黎明時，那個天堂裡的戰士們開始戰鬥，直到死去，然後復活，共享神聖的宴會，在那裡，他們得到永生野豬的鮮肉，和角杯裡源源不絕的蜂蜜酒。

　　在基督教日益增長的影響下，瓦爾基麗的聲譽衰落下來；中世紀英格蘭的一位法官，曾將一個可憐的女人燒死，她被指控為瓦爾基麗，也就是女巫。

✦ 伊斯蘭的精靈 ✦
Los Yinn

　　根據伊斯蘭傳說，真主用光造天使，用火造精靈[1]，用塵土造人類。有人肯定說，精靈是由一團無煙的黑火所造成的。它們被造的時間比亞當早了兩千年，但種族無法繁衍到最後審判的那一天。

　　宇宙學者阿爾卡茲維尼將它們定義為「龐大的空氣動物，身體透明，形態變化多端」。它們一開始如同雲朵，或者輪廓模糊的高聳柱子；之後，它們會隨意變換成人、豺、狼、獅子、蠍子，或是蛇。有些是信徒；有些是異教徒或無神論者。在殺死一隻爬行動物前，我們必須以先知的名義要求它退下；如果它不服從，殺死它是合法的。它們能穿過厚實的牆壁，或在天空飛翔，或者突然隱形。它們經常到天堂的底層，在那裡驚訝的聆聽天使談論未來的事件；這使它們能幫助魔法師和算命師。有些學者認為金字塔是它們造的，或說它們奉知道神全能名的大衛之子所羅門的命令，建造耶路撒冷聖殿。

　　它們從屋頂或陽臺對人們丟石頭；它們還有綁架美女的習慣。為了避免它們的掠奪，最恰當的方法是呼喚真主、慈悲者、仁慈者的名字。它們最常見的住處是廢墟、空屋、水池、河流以及沙漠。埃及人聲稱水龍捲是它們造成的；認為流星是真主對邪惡精靈所投擲的飛鏢。

　　伊布利斯[2]是它們的父親，也是它們的首腦。

---

1. 也可譯為鎮尼、魔神。《古蘭經》第十五章二十七節：「以前，我曾用烈火創造了精靈。」
2. Iblis，伊斯蘭教的魔王。又被稱為衰旦（Shaitan，阿拉伯語撒旦的發音）。

☙ 鳥女尤娃基 ❧
YOUWARKEE

聖茨伯里[1]在他的著作《英國文學簡史》[2]中認為，尤娃基是該文學中最迷人的女主角之一。她一半是女人一半是鳥，或者——如詩人白朗寧[3]對亡妻伊莉莎白·巴雷特[4]的描述——一半是天使一半是鳥。她的雙臂可以展開變成雙翼，身上覆蓋著一層柔滑的羽絨。她住在南極海域失落的小島上；在那裡，一位遇到海難的水手彼德·威爾金斯[5]發現了她，並娶了她。尤娃基具有古倫（Glums）[6]血統，是一個有翼種族的部落。威爾金斯使他們皈依基督教，並在妻子去世後設法回到英國。

羅伯特·帕托克[7]的小說《彼德·威爾金斯》（一七五一），講述了這段奇異的愛情故事。

1. George Saintsbury　2. *A Short History of English Literature*
3. Robert Browning　4. Elizabeth Barrett　5. Peter Wilkins
6. 不過在小說裡，Glums指的是飛行的男人，Gawrys才是飛行的女人。
7. Robert Paltock

巨鯨薩拉坦
EL ZARATÁN

　　有一個故事跨越了地理和時代；航海者登上一個沒有名字的島嶼，然後這座島嶼下沉，淹沒他們，因為島是活的。這個虛構的獸島形象出現在辛巴達的第一次冒險，和《瘋狂奧蘭多》第六首中（「我們相信這是一座島嶼」[1]）；在聖布倫丹的愛爾蘭傳說和亞歷山卓的希臘動物寓言中；在瑞典主教烏勞斯‧馬格努斯[2]《北歐民族史》[3]（羅馬，一五五五）中，以及《失樂園》第一卷，靜止不動的撒旦被比作睡在挪威泡沫上的大鯨魚（「Him, haply slumbering on the Norway foam」）[4]。

　　矛盾的是，傳說的第一個版本講述牠，只是為了否認牠。牠是在九世紀初穆斯林動物學家賈西茲[5]所著的《動物之書》[6]中被發現的。米格爾‧阿辛‧帕拉西奧斯[7]將之翻譯成西班牙文：

> 「至於薩拉坦，我從未見過任何宣稱親眼見過牠的人。」
> 「有一些水手聲稱曾試著接近某些海島，島上有森林、山谷和裂縫，他們點燃了大火；當火燒到薩拉坦的背部時，牠已經開始（在水面上）與他們（在牠上面）以及所有的植物一起滑落，只有設法逃跑的人才能自救。這個故事超越了所有最精采、最大膽的故事。」

　　現在，我們來看看十三世紀的文本，這是宇宙學者阿爾卡茲維尼撰寫的《創造的奧妙》。它是這麼說的：

「至於那個海龜，牠如此巨大，船上的人都把牠當成島嶼。其中有位商人說道：

「我們在海上發現一座浮出水面的島嶼，島上覆滿綠色植物，我們登陸，並在地上挖洞做飯，小島卻移動了，水手們大喊：『快回來，因為牠是海龜，火的熱量喚醒牠了，我們可能都會喪命。』」

在《聖布倫丹修道院長的奇幻漂流》中，同樣的故事又再說了一遍：

「⋯⋯於是他們航行到達那片陸地，岸上有的地方深度很淺，有的地方有大岩石，他們去了一個他們認為安全的小島，於是開始生火做飯，但是聖布倫丹沒下船。當火很熱，肉正要烤熟的時候，小島開始移動，修士們嚇壞了，丟下了火和肉，紛紛逃到船上。聖布倫丹安慰他們，告訴他們那是一條大魚，名叫『雅斯科尼烏斯』（Jasconius），牠夜以繼日試圖咬自己的尾巴，無奈太長咬不到[8]。」

在盎格魯撒克遜的動物寓言《埃克塞特書》中，這危險的島嶼是一條鯨魚，「邪惡中帶著狡猾」，故意欺騙人。他們在牠背上紮營，在海上勞作中尋求休息；突然，「海洋之主」沉到海中，水手們淹死了。在希臘動物寓言裡，鯨魚意味著《箴言》

中的妓女（「她的腳下入死地；她腳步踏入陰間」）；在盎格魯撒克遜的動物寓言中，鯨魚是「魔鬼」與「邪惡」。牠將在十個世紀後寫成的《白鯨記》[9]裡保留這種象徵價值。

1. 其他詩句，「我們都被浮椿騙了，／漫不經心的把怪物當成孤島。」
2. Olaus Magnus
3. *Historia d e g entibus s eptentrionalibus*，是第一部關於瑞典及其居民的重要作品。
4.《失樂園》（203-8）詩句如下：「它偶爾在挪威的海浪中打盹，／有一些在夜裡沉沒之小舟之船夫／常認為是一個島，像水手所說的，／拋錨在它的鱗皮上，／停泊在它背風的一面，當夜來臨時／它鑽入海底……」（楊耐冬譯）。
5. Al-Yahiz
6. *Kitāb al-Ḥayawān*，七卷本，包含三百五十多種動物。
7. Miguel Asín Palacios
8. 原注：參閱前章的〈銜尾蛇歐洛波洛斯〉一文。
9. *Moby-Dick*

✦中國狐狸✦
EL ZORRO CHINO

就一般動物學而言，中國狐狸與其他狐狸並無太大區別；在奇幻動物學中卻不如此。根據統計，牠們的平均壽命在八百到一千年之間。人們認為牠們是不祥之兆，牠們身體的每個部位都具有特殊能力。只要用尾巴甩打地面就足以引起火災，牠們還能預見未來，並幻化出多種形貌，最常見的是老人、年輕女孩和學者。牠們狡猾、審慎、多疑；性好捉弄和興風作浪。人死之後，往往會移魂到狐狸的身體裡。牠們的巢穴在墓地附近。關於牠們的傳說數以千計，我們轉錄了一個[1]，其中不乏幽默：

王某看見兩隻狐狸用後腳站立，靠在樹上。其中一隻手裡拿著張紙，牠們嘻嘻哈哈，好像在說笑話。王某試著嚇跑狐狸，不過牠們仍站在原地不動，於是他射擊拿著紙張的那一隻。他擊中牠一隻眼睛，拿走那張紙。在客棧裡，他把這場奇遇講給其他旅客聽。說話間，有位一眼帶傷的書生走了進來。他饒有興味的聽著王某的故事，並且要求看看那張紙。王某正準備拿給他看時，客棧老闆發現剛剛進來的客人有條尾巴。「是狐狸！」老闆大叫，那個書生立刻變成狐狸逃之夭夭。那張紙上寫滿無法辨識的文字，兩隻狐狸三番兩次試圖取回紙張，但屢屢受挫。王某決定返鄉。途中，他遇到他們全家人正要前往京城。他們說，是他為大家安排這趟行程的，他的母親出示他寫的家書，

上面寫著要他們賣掉家產到京城與他會合。王某檢視信件，卻只見紙上一片空白。儘管他們已經無家可住，王某仍然命令他們都回鄉。

　　一天，他的一個小弟出現了，本來大家都以為他死了。他問起家裡的倒楣事，王某告訴他事情經過。「啊，」當講到跟狐狸的奇遇時，他的弟弟說，「那就是所有災禍的根源。」王某拿出那張紙。他的弟弟將紙奪過去，急忙收好。「我終於拿回我想要的東西了。」他高呼，然後變成狐狸離去。

1.原故事可參考明代馮夢龍《醒世恆言》第六卷〈小水灣天狐詒書〉。

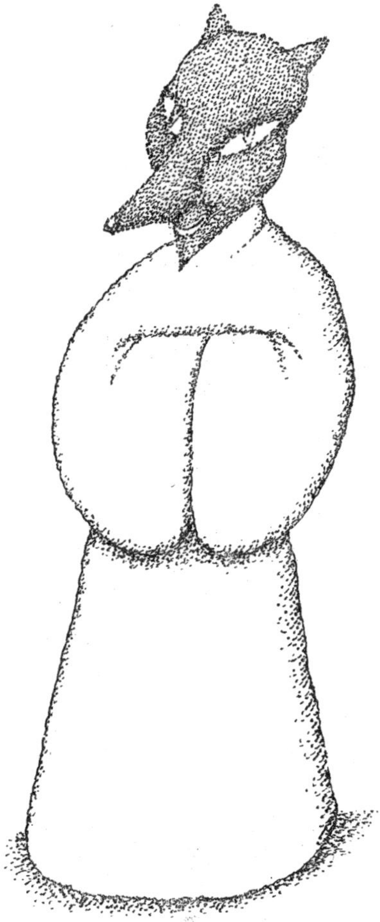

想像的動物

EL LIBRO DE LOS SERES IMAGINARIOS
Copyright © 1995, María Kodama
Traditional Chinese translation copyright
© by 2021 Rye Field Publications,
a division of Cite Publishing Ltd.

Illustrations Copyright © 2005 by Peter Sís
Published by arrangement with
The Book Group,
through The Grayhawk Agency.
All rights reserved.

想像的動物／波赫士（Jorge Luis Borges）著；
彼德・席斯（Peter Sís）繪圖；葉淑吟譯
－初版.－臺北市：麥田出版：
英屬蓋曼群島商家庭傳媒股份有限公司
城邦分公司發行, 2021.11
216面；15×23公分
譯自：Libro de los seres imaginarios.
ISBN 978-626-310-063-3（精裝）
1. 神話 2. 動物 3. 通俗作品
280   110011424

印　　刷　前進彩藝
電腦排版　黃暐鵬
封面設計　莊謹銘
初版一刷　2021年11月
初版二刷　2021年12月

定　　價　新台幣550元
Ｉ Ｓ Ｂ Ｎ　978-626-310-063-3
Printed in Taiwan
著作權所有・翻印必究
本書如有缺頁、破損、裝訂錯誤，
請寄回更換

作　　者　波赫士（Jorge Luis Borges）
繪　　者　彼德・席斯（Peter Sís）
譯　　者　葉淑吟
文字校對　謝惠鈴
文稿編輯　林芳妃
責任編輯　何維民
版　　權　吳玲緯
行　　銷　吳宇軒　陳欣岑　林欣平
業　　務　李再星　陳紫晴　陳美燕　葉晉源
副總編輯　何維民
編輯總監　劉麗真
總 經 理　陳逸瑛
發 行 人　涂玉雲

出　　版

麥田出版
台北市中山區104民生東路二段141號5樓
電話：(02) 2-2500-7696　傳真：(02) 2500-1966
麥田部落格：blog.pixnet.net/ryefield
麥田出版Facebook：www.facebook.com/RyeField.Cite/

發　　行

英屬蓋曼群島商家庭傳媒股份有限公司城邦分公司
地址：10483台北市民生東路二段141號11樓
網址：http://www.cite.com.tw
客服專線：(02)2500-7718; 2500-7719
24小時傳真專線：(02)2500-1990; 2500-1991
服務時間：週一至週五09:30-12:00; 13:30-17:00
劃撥帳號：19863813　戶名：書虫股份有限公司
讀者服務信箱：service@readingclub.com.tw

香港發行所

城邦（香港）出版集團有限公司
地址：香港灣仔駱克道193號東超商業中心1樓
電話：+852-2508-6231　傳真：+852-2578-9337
電郵：hkcite@biznetvigator.com

馬新發行所

城邦（馬新）出版集團【Cite(M) Sdn. Bhd. (458372U)】
地址：41, Jalan Radin Anum, Bandar Baru Sri Petaling,
57000 Kuala Lumpur, Malaysia.
電話：+603-9057-8822　傳真：+603-9057-6622
電郵：cite@cite.com.my